거짓말 읽는 법

거짓말 읽는 법

베티나 슈탕네트 지음
김희상 옮김

2019년 4월 4일 초판 1쇄 발행

펴낸이 한철희 | 펴낸곳 돌베개 | 등록 1979년 8월 25일 제406-2003-000018호
주소 (10881) 경기도 파주시 회동길 77-20 (문발동)
전화 (031) 955-5020 | 팩스 (031) 955-5050
홈페이지 www.dolbegae.co.kr | 전자우편 book@dolbegae.co.kr
블로그 imdol79.blog.me | 트위터 @Dolbegae79

주간 김수한
편집 김진구
표지디자인 김하얀 | 본문디자인 이은정·이연경
마케팅 심찬식·고운성·조원형 | 제작·관리 윤국중·이수민
인쇄·제본 한영문화사

ISBN   978-89-7199-931-8   03100

이 도서의 국립중앙도서관 출판시도서목록(CIP)은 서지정보유통지원시스템홈페이지(http://
seoji.nl.go.kr)와 국가자료공동목록시스템(http://www.nl.go.kr/kolisent)에서 이용하실 수
있습니다.(CIP제어번호: CIP2019010277)

책값은 뒤표지에 있습니다.

베티나 슈탕네트 저   김희상 역

거짓말   읽는 법

돌베
개

참고 견디는 것이 전부는 아니니까

빌리 빙클러Willi Winkler에게

차 례

거의 기적에 가까운 일을 일으킬 수 있는 말의
힘이 있어야 하듯, 남의 말을 잘 귀담아듣는 사
람도, 원한다면 기적을 일으킬 힘을 가지리라.

— 쇠렌 키르케고르(덴마크의 신학자이자 철학자),
「주례사」(1845)

일러두기

1. 책의 내용을 더 효과적이고 적확하게 전달하기 위해 원문의 장과 절 제목 이외에 소제목을 보완하여 달았다. 즉 이 책의 소제목은 원서에는 없고, 한국어판에만 있다.
2. 페이지 하단의 각주는 모두 옮긴이가 단 것이다.
3. 원서에서 이탤릭체로 구별한 부분은 고딕체로 바꾸어 표시하였다.
4. 독일어 원문과 번역된 한국어 문장의 길이 차이 및 번역문의 가독성을 고려하여, 원서에서 단락이 구분되어 있지 않은 곳을 번역 과정에서 행갈이하여 구분하기도 했음을 밝힌다.

한국 독자를 위한 서문

아직 알지 못하는 사람과 만날 때 우리는 항상 신중한 태도를 취한다. 새로운 이웃이든 전국구 정치인이든, 친히 말로 하거나 그 어떤 기술 보조 수단을 써서 전달해주는 메시지든 우리는 신중하게 대처해야 한다. 우리는 사람들이 모두 진실하지는 않다는 것을 알기 때문이다. 또한 남의 말을 신중하게 가려듣지 않고 덜컥 매혹당하는 우리 자신의 허점도. 우리는 거짓말이 두렵다.

거짓말이 정확히 무엇인지 그 본성을 깨우치기 전일지라도, 우리는 가짜 메시지를 섣불리 믿는 사람이 내 잘못은 전혀 없다고 말하기 힘들다는 점을 익히 안다. 주변에 누가 사는지 훤히 알던 옛날, 주변이라야 고작 동네 어귀까지일 뿐이어서 서로 잘 알던 옛날에야 누구는 믿고 누구는 믿지 못할지 방향을 잡기는 아마도 쉬웠을 것이다. 오늘날에는 이미 아이들도 스마트폰으로 전 세계와 만난다. 그리고 내키는 대로 거짓을 퍼뜨리고 자기는 그래도 될 충분한 권리를 가졌다고 생각하는 사람을 한 나라의 지도자로 뽑은 일은 지구상의 모든 사람들과 직결되는 문제가 되었다. 인류가 함께 커간다는 기쁨 대신 무엇보다도 타인을 두려워하는 나머지 타인과 확실한 경계를 두었으면 하는 희망이 커져간다고 개탄한들 이제 누가 놀라기는 할까?

그러나 타인의 영향으로부터 스스로를 보호해 거짓말에 안전하고자 하는 노력들에도, 우리는 이미 오래전부터 타인과 벽을 쌓고 철저히 이기적으로 사는 것이 더는 갈 수 없는 길임을 잘 안다. 어떤 국가도 홀로 해결할 수 없어 전 세계가 산적한 문제들로 신음하는 탓에 어쩔 수 없이 서로 머리를 맞대야만 한다는 요구 때문에만 벽을 쌓지 말라는 말은 아니다. 본래 다른 사람과의 만남은 그 어떤 것도 베풀 수 없는 독특한 만족감을 선물한다. 인간들, 또 문화들 역시 홀로 찾아내고 파악하는 것만으로는 충분하지 않다. 우리는 서로 알자마자 무엇이든 주고받는 교류를 원한다. 오늘날 어떤 인간, 어떤 문화든 자기가 알고 있는 범위가 제한적임을 아주 잘 의식하고 있기 때문에 우리는 이런 교류에 적극적이다. 우리는 오로지 인류로서만 인간이다. 21세기의 인간이 자기의 고유한 문화에 지극한 자긍심을 품으면서도 맞춰야 하는 기준점은 바로 '인류'다. 우리는 이웃임에도 서로 합의를 볼 수 없다거나 최소한 서로 생각을 나눌 수 없다면 깊은 좌절감을 느낀다. 그리고 우리는 멀리 떨어진 국가와 국민이 우리가 잘못된 길이라고 생각하는 것을 계획적으로 밀어붙일 때 좌시할 수 없다는 책임감을 가진다. 바꿔 말해 거짓말을 경계하는 두려움에도, 우리는 무엇보다 서로를 함께 묶어주는 진실을 찾기 원한다.

실제로 내 눈에 인간이 서로 함께할 수만 있다면 하는 특별한 갈망을 판문점의 푸른 집들보다 더 절실하게 보여주는 곳은 세계 어디에도 없다. 독일에서 찾아온 여행객은 조국을 갈라놓는 경계라는 게 무엇인지 아주 정확히 안다. 그러나 2017년 9월, 비무장지대의 깔끔하게 정돈된 회의 테이블 앞에 선 나는 우리가 40여 년의 독일 분단 시절 동안 이와 견줄 만한 신호를 세계에 보내지 못했음을 깨달았다. 판문점은 언제라도 대화를 할 수 있는 장소여야 한다는 신호, 언제라도 안전한 만남이 보장되어 서로 신뢰를 키우려는 목적 외에는 달리 쓰이지 않는 장소여야 한다는 신호가 바로 그것이다.

우리가 소통을 나누는 도구는 변한다. 독재자든 선출된 대통령이든 국가를 대표하는 지도자는 왔다가 사라진다. 그러나 판문점 같은 만남의 장소를 유지하고 지킬 각오가 된 사람들이 서로 힘을 합하는 한, 이들은 우리에게 목표와 이를 이룰 표준이 무엇인지 상기시켜준다. 인간은 어떤 존재이며 앞으로 무슨 모습을 보여줄지 하는 결정은 거짓을 넘어선 곳에서 내려진다. 원한다면 우리는 언제라도 테이블 앞에 마주 앉을 수 있다. 결국 오로지 중요한 일은 서로 마주 앉는 것이기 때문이다.

그럼 이제 독자 여러분은 이 책이 한국에서 출간된다는 사실이 왜 나에게 커다란 기쁨이자 특별한 명예인지 짐작할 것이다.

함부르크에서, 2019년 3월 10일
베티나 슈탕네트

거짓말에 관하여 질문할 시간

거짓말은 나쁜 걸까

진실을 원하는 사람은 없다. 유일하게 진실을 묻는 존재인 우리 인간은 기껏해야 진실의 일부를 말하고 듣기 바랄 뿐, 결코 진실의 전모를 원하지 않는다. 분명 인간은 되도록 빨리 모든 것을 다시 숨기고 차단하려는 절실한 욕구가 없이는 "나"라는 말조차 할 수 없는 모양이다. 무슨 생각을 하고 어떤 느낌을 가지는지 가리기에 비밀이라는 짙은 안개마저 부족하다면, 인간은 아예 오도하고 호도하려는 본색을 드러낸다. 인간은 의사 표시를 위해 그림이나 기호를 쓰기 시작한 이래 거짓말을 한다. 말을 하고 글을 쓰며, 그림을 그려 묘사하거나, 심지어 침묵할 때조차 우리는 거짓말을 한다. 사소한 몸짓이나 눈길 또는 주의를 흐리려는 장광설 혹은 아예 인물 됨됨이 전체로 우리는 왜곡

14

하고 속이는 그런 거짓말의 대가다. 그렇다, 우리는 서로 속이는 데 그 어떤 구체적인 의도조차 필요로 하지 않는다. 심지어 우리는 있는 그대로의 모습을 기꺼이 보고 싶어해 걱정할 필요가 전혀 없는 상대에게까지 거짓말을 한다. 거짓말, 이것은 인간 세계에서 가장 일상적인 것이다. 그럼에도 우리는 거짓말이라면 화들짝 놀라 온몸을 부들부들 떤다.

흔히 겪는 일이지만, 우리는 속았다고 깨닫는 순간을 절대 대비하지 못한다. 그리고 속았다는 충격은 그 순간을 넘어 오래 지속된다. 전혀 예상하지 못한 진실은 우리의 환상과 희망을 잿더미로 만드는 번개와 같다. 자유는 진실 앞에서 끝난다. 진실과 더불어 찾아오는 깨달음, 곧 우리를 사로잡는 무시무시한 힘은 눈과 귀와 입을 닫는다고 간단하게 사라지지 않는다. 진실이 전혀 없었으면 하는 생각, 바꿔 말해 저마다 자기의 진실을 가졌으면 정말 좋겠다는 생각은 얼마나 매혹적인가. 자신이 원하는 대로 주무를 수 있는 진실, 누구도, 심지어 세상도 어찌할 수 없는 나만의 진실을 가졌으면 하는 생각은 환상적 힘을 발휘한다. 무엇이 있는 그대로인지 보지 않아도, 다른 사람이 진짜 무슨 생각을 하는지 듣지 않아도 좋으련만 하는 희망을 품어보지 않은 사람이 있을까? 그런데 그럼에도 우리는 거짓말을 심판한다.

거짓말쟁이로 몰리고 싶어하는 사람은 없다. 믿기 어렵다는 혐의는 상대방의 몸짓이나 말 한마디 그 이상의 것을 문제 삼는다. 상대의 인격 전체를 의심한다. 그리고 다른 사람이 우리 앞에서 숨기는 탓에 정작 무슨 일이 벌어지는지 알 수 없는 불편함은 우리 자신의 감각과 경험을 의심하게 한다. 내가 둔해서

몰라보나? 누구를 믿어야 좋을지 모르는 사람은 무엇을 믿어야 할지 모르는 사람과 똑같이 이미 패배했다. 거짓말과 직접적으로 맞닥뜨린 사람은 안다. 거짓말이 얼마나 무서운 파괴력을 가졌는지! 그런데 그럼에도 우리는 거짓말을 한다.

거짓말의 진실은 무엇보다도 이것이다. 우리는 거짓말을 하며, 그럼에도 거짓말에 익숙해지지 못한다.

그리고 우리는 꾸며진 거짓을 보다 더 편안한 마음으로 다루기에 충분한 구실을 이미 오래전부터 안다. 물론 거짓말은 사악해서 우리를 오로지 추락으로 이끌 뿐이라는 경고가 부족했던 적은 결코 없다. 맞다, 거짓말은 사악하다. 악마를 거짓말의 아버지라 부르는 이유가 달리 있는 게 아니다. 그러나 어떤 문화든 죽음을 피하기 위해서는 진실을 곧이곧대로 다루어서는 안 된다는 것을 악마보다 더 잘 안 교활한 전사戰士와 영리한 농부의 이야기가 꼭 등장한다. 그러니까 거짓말쟁이를 거짓말로 물리치지 않는 사람은 어리석을 뿐이다.

게오르크 지멜이 자신의 『사회학』에서 명료하게 풀어주었듯, 적과 맞붙어 싸우는 마당에 "정신적으로 자신을 방어할 권리는 전쟁터의 물리적 폭력만큼이나 잔혹한 것"이어야 하는 게 당연하지 않을까? 진정 나를 해치고자 하는 적이 내 진실을 알아내게 해도 좋을까? 거짓말은 생존 투쟁에 없어서는 안 되는 무기, 생존의 기술이다. 거짓말을 할 기회를 일절 주지 않는 사회가 계속 존립할 수 있을까? 자기 생각을 늘 솔직하게 털어놓아야만 하는 공동체는 이틀도 버티기 힘들다. 우리 인간은 무조건적인 진실을 견딜 수가 없기 때문이다. 그렇다면 결국 거짓말은 좋은 덕목이 아닐까? 인간다움의 생생한 표현으로? 거짓말을 칭송하는 노래를 부르는 사람은 전시 상태에 무기로 자신을 보호할 수 있어야 한다는 권리를 변호할 뿐만 아니라, 거짓말을 할 줄 아는 우리의 능력이 공동체를 떠받드는, 최소한 보존하는 바탕이라고 확신하는 것이기도 하다. 그리고 거짓말을 할 줄 아는 능력은 예술과 문화를 가능하게 만들어주는 조건이기도 하지 않을까? 예술과 문화는 사실과 거리를 두려는 인간의 특성이 없이는 전혀 생각할 수 없기 때문이다. 그렇다, 거짓말이 없으면 친구가 있기라도 할까? 그리고 그럼에도 우정은 단 한 번의 거짓말로 돌이킬 수 없이 깨져버릴 수 있다. 거짓말은 그 어떤 싸움보다 우리에게 더 깊은 상처를 안긴다.

세상은 거짓투성이다

세상이 거짓투성이라는 푸념은 인류만큼이나 오래된 것이다. 사냥의 순간을 영원으로 잡아둔 원시시대의 동굴 벽화만 보더라도 포획한 짐승의 뿔과 발톱이 정말 그렇게 길었을까 하는 의구심은 지우기 힘들다. 세상이 거짓투성이라는 진단은 어느 시대에나 똑같았다. 다시 말해 세상은 항상 정확히 우리가 살아가는 매 순간이 가장 끔찍하다. 그럼에도 거짓말 탓에 생겨나는 고민이 항상 전혀 새롭고 절박하게 다가오는 이유는 분명 우리가 인류의 이런 측면을 떠올리기를 매우 불편하게 여기는 데 있을 것이다. 사람들이 일깨움보다는 그저 잘 지어낸 이야기를 더 좋아한다는 경고는 플라톤이 처음으로 한 것은 아니지만, 아무튼 이 고대 그리스 철학자는 인간이 동굴 속에 갇힌 나머지 벽면에 비친 허상에 매달려, 심지어 빛을 가져다주는 사람을 죽이려 든다고 굳게 믿었다. '사실 이후의 시대'가 임박했음을 늘 흥분한 어조로 상기시키며, 인간에게 지어낸 이야기에 등을 돌리고, 있는 그대로의 사실로 돌아가자는 철학의 투쟁 구호는 우연히 생겨난 게 아니다.

　도대체 왜 우리는 2000년이 넘는 세월 동안 "너 자신을 알라"Gnothi seauthon라는 경구를 벽에 걸어둘까? 이를테면 이 끊임없는 경고가 담은 심각성을 아직도 깨우치지 못한 사람이 있어서? 선서와 맹세, 서약과 같은 엄숙한 의례, 혹시라도 의심할까 주절주절 풀어주는 각주는 물론이고 끝도 없이 쏟아내는 고문 기술의 창고를 포함한 고통스러운 심문은 정직함을 보이려는 의지를 의심하는 불신이 얼마나 뿌리 깊은지 여실히 보여준다. 그리고 또 진실이 더는 손쓸 수 없이 사라져버릴 정도로 너무 늦은 것은 아닐까 하는 두려움도 늘 절박하다. "오늘날 진실은 흐려지고 거짓이 확고하게 자리를 잡았다." 17세기에 블레즈 파스칼이 쓴 이 글은 소름이 돋을 정도로 친숙한 울림을 준다. "진실을 향한 사랑이 식은 나머지, 인간은 더는 진실을 찾을 줄 모른다." 1943년, 그러니까 300년 뒤의 시점에 요제프 괴벨스*가 아돌프 히틀러와 함께 '유대인의 국제 금융 장악이라는 거짓말'과 '거짓 언론'을 꾸미는 내기를 벌이며 끙끙대는 동

●　　Joseph Goebbels(1897~1945). 독일 나치의 선전장관으로, 나치 선전과 미화를 도맡았다. 1945년 히틀러가 죽은 뒤 자살했다.

안, 다행히도 독일에서 도망치는 데 성공한 알렉상드르 쿠아레*는 프랑스 파리에서 쓴 『거짓말에 관한 성찰』을 파스칼과 같은 고발의 글로 시작한다. "우리의 시절처럼 거짓말이 횡행한 때는 결코 없었다. 부끄러운 줄도 모르고 체계적이고도 끊임없이 거짓말을 해댄 적은 정말 없었다." 오늘날 여전히 똑같이 거짓말이 횡행하는 것에 한숨짓는 우리의 모습은 정말 놀랍지 않은가? 인간은 거짓말을 한다. 물이 흐르듯. 흠, 그래서?

우리는 누구나 이미 거짓말을 했으며 아마도 짐작컨대 거짓말을 한 것이 들통나서 사과한 경험이 있을지라도, 인간이 거짓말을 한다는 사실에 전혀 편안할 수는 없다. 이유는 간단하다. 거짓말이 게임과 비슷하지만, 이 기묘한 게임에 모두 똑같이 즐거울 수 없다는 점을 누구나 금세 깨닫기 때문이다. 피할 수 없이 거짓말을 하고, 또 이런 거짓말이 실제 통했다 할지라도, 우리는 거짓말이 단순히 좋은 도덕 그 이상의 문제, 또는 예전에 흔히 말하곤 했던 죄악의 문제 그 이상으로 심각한 것임을 곱씹게 만드는 숱한 이유를 떠올릴 수밖에 없다. 거짓말이 그저 단순한 도구일 수 없다는 사실은 깊은 불안을 초래하기 마련이다. 지극히 사소한 거짓말이라 할지라도 건드려서는 안 될 것을 건드리고 말았다는 자책은 구체적인 계기와 그때그때의 의도마저 잊게 만들 정도로 속을 헤집어놓는다. 우리는 거짓말이 여러모로 쓸모가 있음에도 어떤 종류의 목적에든 편할 대로 써서는 안

---

* Alexandre Koyré(1892~1964). 러시아 태생으로 독일에서 철학을 공부하고, 프랑스와 미국에서 활동한 과학사학자이자 철학자이다.

되는 수단이라고 근심한다. 우리는 왜 그냥 단순하게 거짓말을
할 줄 아는 능력이 섬뜩하고 기괴하다고 실토하지 못할까?

왜 거짓말에 관해 묻기를 주저하는가

어떤 현상이 서로 충돌하는 감정
을 불러일으킬 때마다 우리는 내면의 격심한 갈등으로 명료한
생각을 하기가 어렵다. 입으로야 거짓말을 하지 않겠다고 다짐
하면서도 우리는 내심 앞으로도 거짓말과 함께 살아야 할지 말
지 결정하지 못한다. 그러나 이런 어정쩡함이 거짓말이라는 문
제를 다루려 할 때마다 우리의 생각이 헝클어지는 유일한 이유
는 아니다. 거짓말을 생각해보는 일은 모든 생각의 과제 가운데
분명 가장 어렵다. 거짓말이 무엇인지 알아보려는 탐색은 무엇
보다도 거짓말 자체를 상대해야 하기 때문이다. 우리는 어떤 것
이 속임수인지 명확히 알아내기 원한다. 다시 말해 우리는 어둠
을 밝힐 빛을 찾을 뿐만 아니라, 어둠에서 빠져나올 수 있게 우
리를 인도해줄 빛도 원한다.

동시에 거짓말은 정확히 생각을 겨눈다. 그러니까 우리가
거짓말을 밝혀내려는 도구로 쓰는 생각이 바로 거짓말의 표적
이다. 이런 사정은 마치 우리가 두 눈을 가린 채 거울을 보는 것
과 같다. 더욱이 우리는 혹시 일그러진 상이 맺히는 요술 거울
앞에 선 것은 아닌지조차 확신할 수 없다. 빛을 밝혀 알아보고
자 하는 어둠은 다른 누구도 아닌 바로 우리 자신의 어둠인 터
라, 우리는 깨달음을 얻고자 하는 간절함만큼이나 깨달음 자체

20

를 두려워한다. 어떤 거짓말에 희생당하지 않았으면서 거짓말을 한 상대가 느낄 자책을 고려해 화해를 생각하는 사람은 차라리 그 상대방을 만날 자리를 피하게 마련이다.

우리는 거짓말을 화제에 올리자마자 뭔가 배울 것이 있나 호기심을 보이는 대신, 마치 거짓말을 하다가 발각된 사람처럼 허둥지둥한다. 난처하기 그지없는 상황에서 그나마 체면을 살릴 구실을 찾는 거짓말쟁이처럼 안간힘을 쓰는 우리의 모습은 제 발 저린 도둑의 형색 그대로다. 물론 우리는 거짓말을 믿기 전에 거짓말쟁이를 알아볼 법을 가르쳐주는 핸드북을 기꺼이 갖고 싶어한다. 그러나 거꾸로 본색이 거짓말쟁이인 우리 자신 역시 거짓말을 하다가 들통날 위험을 막기 위해서도 그런 핸드북을 필요로 한다. 유형에 따라 거짓말을 판별할 수 있는 컴퓨터 프로그램을 만들어내기 희망하는 사람은 거짓말을 막아주는 알고리즘은 물론이고, 장차 발각되지 않고 거짓말을 할 수 있는 지침도 원한다. 우리 인류가 지난 2000년 동안 거짓말의 정의를 갈수록 더 정밀하게 다듬어온 것은 이런 정의를 피해 교묘하게 속일 방법을 찾기 위한 노력은 아니었을까? 거짓말을 하다가 발각되었을 때 시치미를 뚝 떼는 놀라울 정도의 숙련된 태도는 우리 모두 익히 아는 것이다.

거짓말에는 의도가 있다.
─ 무슨 소리야, 나는 아무것도 의도하지 않았어!

거짓말은 일종의 전달이다.

— 아냐, 나는 그저 혼잣말한 것일 뿐이야!

거짓말은 일종의 진술이다.
— 하지만 나는 아무 말도 안 했는데, 내 눈길, 내 몸짓, 모두 네
　가 오해한 거야.

거짓말은 엉뚱한 방향으로 유도하는 유인 전략이다.
— 뭐가 그리 심각해, 그런 거 아냐!

거짓말하는 사람은 나쁜 줄 알면서도 거짓말한다.
— 하지만 나는 정말 몰랐어!

거짓말하는 사람은 진실을 이야기하지 않는다.
— 나는 그게 진실인 줄 알았어, 그런데 진실이라는 게 정말 있
　기는 해?

거짓말은 속이려는 의도를 지닌다.
— 나는 그저 좋은 뜻으로 한 말이야!

거짓말은 가짜 정보다.
— 아이고 오해야, 오해. 그건 내 의견이었을 뿐이야!

거짓말한 사람이 범인이다.
— 무슨 소리야, 나는 희생자야, 악의적인 모략에 당했을 뿐이야!

거짓말을 해서는 안 돼.

— 그렇지만 거짓말은 누구나 하잖아?

……

    이러저러하게 거짓말을 하면 더욱 교묘할 수 있다는 지침 노릇을 하지 않는 거짓말의 정의가 도대체 가능할까? 그리고 우리가 약 100년쯤 집중적으로 언어가 무엇인지 생각한 뒤에 거짓말을 두고 예전의 그 누구보다도 더 정확하게 이야기할 수 있다고 자만한다면? 듣기만 해도 무서운 이야기다.

    고대 그리스의 유명한 위인들조차 거짓말을 따로 나타내는 개념을 가지지 않았으며 'pseudos'라는 하나의 단어로 착각, 허위, 속임수, 거짓 등을 나타내면서 서로 혼동되지 않도록 형용사를 덧붙여 썼다며 우리는 즐겨 스스로 위로하곤 한다. 그러나 이처럼 개념이 부족했음에도 저 교활한 오디세우스가 등장하는 대서사시나, 심지어 플라톤이 거짓말을 다룬 대화편 전체를 쓰기에 아무 문제가 되지 않았다는 점을 불손한 우리는 전혀 개의치 않는다. 본래 문제는 전혀 다른 것이라고 19세기의 저 유명한 플라톤 번역자 프리드리히 슐라이어마허*는 주장한다. 거짓말을 다룬 플라톤의 대화편은 진본으로 보기 힘들다는 게 그의 주장이다. 인간은 내용이 아주 친숙하게 느껴지는 텍스트를 다룰 때 제멋대로 지어다 붙인다나. 어쨌거나 고문헌을 보며

●   Friedrich Schleiermacher(1768~1834). 독일의 신학자이자 철학자. 계몽주의와 낭만주의의 영향을 받아 근대 자유주의 신학을 탄생시켰다.

단어나 꼼꼼히 따지는 이런 태도는 그동안 우리가 좀 더 정밀하게 정의한 몇몇 개념을 더 가지고 있다는 사실을 교묘하게 숨긴다. 그러나 더 풍부한 개념을 가졌다고 해서 반드시 거짓을 알아볼 명확한 개념을 가졌다는 결론은 나오지 않는다. 심지어 우리는 거짓말의 좀 더 정밀한 개념을 가졌다고 자만하면서도 이런 개념을 사용하기 꺼려한다. 정당화나 합리화에 사로잡혀 우리는 거짓말쟁이를 거짓말쟁이라 부르기를 주저한다. 참과 거짓 사이의 경계를 흐려버린, 짐작도 못한 발전은 무엇보다도 거짓말이 무엇인지 자신은 모른다고 꾸며대려는 목적으로 이루어졌다. '허풍', '속임수', '허튼수작', '공상' 따위의 단어를 들먹여가며 우리는 할 수만 있다면 진실을 정확히 받아들이지 않으려 하면서 애써 거짓말이 무해한 양 꾸며대기 바쁘다. 이런 말들은 "그래, 나 거짓말했어" 하는 어렵기만 한 고백보다 훨씬 더 좋은 울림을 주기 때문이다.

모든 사람이 항상 거짓말을 한다면, 결국 막판에 가서는 아무도 거짓말을 할 수 없다는 것도 거짓말의 진실 가운데 하나다. 그저 저마다 다른 언어로 이야기하는 것이랄까.

거짓말은 자기만의 고유한 법칙으로 이야기하며, 무엇보다도 거짓말의 포기될 수 없는 부분으로 알려지고 싶지 않아 노심초사하는 '나'를 빼놓고 생각할 수 없다. 거짓말은 항상 의지를 가지는 주체가 하는 것인데, 어떻게 그 주체를 생각하지 않을 수 있을까? 그러나 '나'는 거짓말의 주체로 폭로되는 일을 한사코 막으려 한다. 잘못된 이해를 가져오기 위해 거짓말을 하며 관찰의 대상이 될 수밖에 없는 '나'는 어떻게 해야 의심을 초래하는 위험을 피할 수 있을까? 우리의 근본적인 이해관계, 곧 우리의 내밀한 속내를 들키지 않으려 할 때마다 우리의 생각은 가능한 모든 방향으로 피신처를 찾는다. 가장 좋은 것은 변명과 구실이라는 무한한 영역으로의 피신이다. 그러나 이내 도피 행각은 도덕의 문제와 맞닥뜨린다. 언제는 거짓말을 해도 좋으며, 어느 때는 안 되는가? 피할 수 없어 어쩔 수 없이 해야만 하는 거짓말도 있는가? 시커먼 속내의 거짓말이 있다면, 하얀색의 순결한 거짓말도 있을까? 거짓말과 진실은 말끔하게 구분되는가? 아니면 그 경계는 기쁘게도 유동적인가? 진실은 현실을 자기편으로 가지기 때문에 결국 승리할까? 궁극적으로 세상은 정의로워서 거짓말을 한 사람은 자신의 행위로 처벌을 자초할까, 아니면 솔직한 사람은 항상 멍청한 바보로 남을까? 이런 문제를 다룬 책은 헤아릴 수 없을 정도로 많다. 최소한 한 편의 거짓말 이야기를 담지 않으면 신문은 결코 발간될 수 없을 것처럼 보이기도 한다. 거짓말이라면 누구나 할 말이 많기 때문이다. 무엇보다도 빠르게 선수를 쳐야 자신은 거짓말을 하지 않는 것처럼 꾸밀 수 있다.

거짓말과 관련한 재미있는 이야기는 차고도 넘친다. 우리는 말장난과 아이러니를 섞어가며 무해한 거짓말과의 게임을 즐긴다. 물론 가장 즐기는 이야기는 우리를 현란한 솜씨로 속이는 마술사와 허풍선이의 것이다. 또 어떻게 그가 우리를 속이는지 우리는 뜨거운 관심을 가지고 지켜본다. 어쩌다 그는 거짓말을 일삼게 되었으며, 어떻게 오늘날의 그가 되었고, 무엇이 그를 거짓 술수를 쓰게 몰아세웠는지 눈을 크게 뜨고 귀를 활짝 연

채 지켜보며 마술사와 허풍선이에게 약간의 호감마저 갖는다. 여인들이 꿈꾸던 멋쟁이 펠릭스 크룰이 혼인 빙자 사기로 올린 성공은 우리 모두가 시샘하는 게 아니던가.[*] 지루하기 짝이 없는 파티라 할지라도 경제와 정치에 횡행하는 거짓말에 어떤 것이 있는지 지나가듯 언급하면 분위기는 살아난다. 모두 신이 나서 목청을 높여 열띤 토론을 벌이며 성급하게 거짓말의 사례를 끌어대지만, 누구도 이런 장광설로 자신이 정작 무엇을 하는지 알아차리지 못한다. 다시 말해 우리는 자신은 거짓말과 상관이 없다고 끊임없이 거리를 두려 한다. 우리는 뭐가 문제인지 모두 정확히 안다고 짐짓 딴청을 피운다. 그러나 누구도 거짓말이 정확히 무엇인지 알려고 하지 않는다.

무엇이 거짓말인지 묻는 사람은 아무도 없다.

그럼에도 '거짓말' 이해가 중요한 이유

거짓말이 하나의 문장이며, 이 문장이 단적으로 진실의 부정을 포함한다면, 모든 것은 아주 간단할 것이다. 수학의 공식은 플러스를 마이너스로 바꿔주어도 얼마든지 정확한 값의 계산이 가능하다. 그러나 인간의 거짓말은 수학 공식처럼 간단하게 계산되는 것이 아니다. 다시 말해 진실의 자리에 거짓말을 가져다놓으면 아무리 따져보아도 진실

---

[*] 펠릭스 크룰은 독일 작가 토마스 만Thomas Mann(1875~1955)이 쓴 소설 『사기꾼 펠릭스 크룰의 고백』의 주인공이다.

은 흔적도 찾을 수 없이 사라진다. 우리는 거짓말 앞에서 방향을 잃을 뿐만 아니라, 어떻게 하면 거짓말이 통하는지 정확히 아는 사람을 막을 방어 능력도 상실한다. 거짓말이 정확히 무엇인지 묻기를 게을리한 탓에 우리는 거짓말이라는 현상, 그 본질적인 형태, 곧 끝없는 변신으로 나타나는 거짓말에 반응하지 못한다. 거짓말은 변신을 통해서만 거짓말일 수 있다. 전혀 다른 것을 예상하고 있다가 무방비 상태로 당하게 만드는 게 거짓말이기 때문이다. 이처럼 변신을 거듭하는 것이 거짓말이기 때문에 어떤 인간이 만천하에 의도적으로 거짓을 이야기함에도 수백만 명의 사람들이 그를 믿을 만한 유일한 인물, 궁극적인 구세주로 발견할 때, 도대체 지금 무슨 일이 벌어지고 있는 것인지 단적으로 묘사해보려는 우리의 시도는 실패할 수밖에 없다. 이처럼 우리가 다른 사람의 말에 현혹당하고, 말 때문에 좌절할 수밖에 없다는 사실은 우리에게 개념이 부족하다는, 어쨌거나 애매하게 말을 하는 통에 어떻게 이런 일이 우리에게 일어나는지 개념으로 파악할 수 없다는 확실한 증거다.

거짓말은 윤리의 문제일 뿐만 아니라, 무엇보다도 인식론의 문제이기도 하다. 최소한 이런 문제를 정확히 가려볼 줄 알 때에만, 그래서 우리가 거짓말하기와 거짓말하는 사람과 거짓말 자체가 본질적으로 서로 다른 것이라는 점을 이해해야만, 이 문제를 다루는 우리의 논의는 엉뚱한 곳에서 헤매거나 실패하지 않을 수 있다. 오로지 분명한 개념을 가질 때에만, 우리는 예전보다 훨씬 더 많은 사람들이 공론에 참여하고 의원을 선출하며 이로써 정부에 참여하는 세상에서 방향을 올바로 잡을 수 있다.

진실의 문제를 깔끔하게 해결하는 것이 실제로 불가능해 보인다 할지라도, 우리는 무엇이 거짓말인지 만큼은 이해할 수 있어야 한다. 그래야 우리는 모든 권력이 국민으로부터 나온다는 말이 정말 무엇을 뜻하는지 그 의미를 깨달을 수 있으리라.

'진실 이후 시대'의 거짓말 읽기

『거짓말 읽는 법』Lügen Lesen은, 많은 독자 분들이 짐작했겠지만, 『사악한 생각』Böses Denken의 논리적 속편이다. 다시 말해 의도적으로 계몽에 반대하는 생각, 그래서 사악하다고 불려야 마땅한 나 자신과의 치열한 대화를 끝내고 다음 행보로 기획한 것이 『거짓말 읽는 법』이다. 그렇다고 해서 『사악한 생각』을 읽어야 이 책의 논의를 따라갈 수 있다는 말은 아니다. 모든 오랜 지적인 산책과 마찬가지로 내가 걸은 생각의 길을 어떤 순서로 추적해야 좋은지 하는 것은 오로지 독자 여러분이 결정할 문제다.

이 책으로 시작하는 모험은 심지어 전혀 독특한 성격을 지닌다. 『거짓말 읽는 법』의 핵심을 이루는 생각은 훨씬 더 오래된 것, 시간상으로 보면 실제로 먼저 한 것이다. 더 정확히 말하자면 『거짓말 읽는 법』을 쓰겠다는 생각은 지난 세기, 1990년대에 처음으로 생겨났다. 나치즘의 사상과 아돌프 아이히만[•]과

• 　Adolf Eichmann(1906~1962). 나치 친위대 중령으로 유대인 학살의 실무 책임자였던 전범이다. 철학자 한나 아렌트는 아이히만 재판을 참관한 후에 쓴 『예루살렘의 아이히만』에서 '악의 평범성' 테제를 제기했다.

같은 남자들을 다루어보겠다고 결심한 것이 이런 발상을 하게 된 연유다. 나는 일종의 발견을 했다고 확신하고 나서, 내 방식대로 거짓말을 생각해보는 것이 실제로 더 명확한 관점을 얻게 해주는지, 나의 발견을 극단적 사례로 시험해보고 싶었다. 더 명확한 관점을 얻어내는 것이야말로 철학의 과제이기 때문이다. 철학은 우리의 방향이 잘못되었다는 것을 아는 일, 좀 더 정확하게 생각해야 한다고 깨닫는 자세를 잃지 말아야 한다. 그리고 그런 다음 치열한 고민을 거쳐 나온 결과물이 다른 사람들을 납득시키기에 충분히 명확한지 하는 증거를 제시해야 한다. 이제 더는 늦출 수 없는 순간이 찾아왔다. 사악한 생각과의 대결에서, 누군가 길을 교묘하게 비틀어놓아 더는 길을 찾지 못하고 헤매다 마침내 올바로 방향을 잡게 해준 방법을 이제 나는 제시해야 한다.

우리 늙은 세대는 20년 전의 시절을 고스란히 떠올린다. 당시만 해도 휴대전화는 통신망의 허용 범위 안에서만 쓸 수 있는 어른의 사치였다. 인터넷은 오늘날 우리가 아는 것과는 한참 거리가 멀었다. 채팅을 하는 사람은 대화가 오가는 사이에 느긋하게 차를 끓여 마실 수 있었다. 당시만 해도 사진은 엄두도 내지 못했으며 오로지 문자로만 채팅을 하는 데도 속도는 더디기만 했다. 사회 네트워크는 가족과 동창 만남이라는 조촐한 차원에 그쳤다. 어떤 신문 기사에 분통이 터지는 사람은 독자 편지를 써서 가까운 우체통을 찾아야 했다. 전자우편이 종이를 밀어내는 속도가 매우 느렸기 때문이다.

인쇄기, 사진, 라디오, 영화, 방송이 발명될 때와 마찬가지

로 인터넷이라는 새로운 미디어의 발명을 두고 다시금 서양의
몰락을 예언하는 경고의 목소리가 어김없이 터져나왔다. 서로
읽고 듣고 볼 가능성이 확장될 때마다 이런 목소리는 계속 등장
할 것이다. 당시 인터넷이 이미 오래전부터 있기는 했지만,『뉴
욕 타임스』를 읽고 싶을 때마다 나는 공항으로 달려가야 했다.
오로지 공항에만, 그것도 운이 좋아야 매우 비싼 돈을 주고 어
제치 신문을 구할 수 있었기 때문이다. 미국 대통령이 과학 수
사라는 고도로 정밀한 진실의 도움을 받아가며 무엇이 섹스 관
계이고, 어떤 것은 아닌지 세계를 상대로 공공연히 거짓말을 하
고 있다는 것을 우리는 정해진 방송 시간을 통해 그 단면을 차
츰차츰 추적할 수 있었다. 거짓이 횡행하는 이런 현실이 빚어놓
은 결과, 오늘날 입에 착 감기게도 '페이크 뉴스'fake news(가짜
뉴스)라 불리는 현상은 무엇보다도 독일에서 간과할 수 없이
나타났다. '통일'을 이뤄가는 과정이 대단히 번거롭고 힘들었
던 이유는 두 개의 독일 국가가 40년이라는 세월 동안 서로 철
저하게 거짓 정보를 주고받았다는 데 있다.

　이제 우리는 사건이 벌어질 때마다 서로 '대안적 사실'을
주장해가며 오랫동안 싸움을 벌일 수는 없다. 진실을 전략적으
로 다룬다며 두 개의 현실이 방조된다면 모를까, 가짜 뉴스는
촘촘한 네트워크로 이내 발각되기 때문이다. 그런데 가짜 뉴스
가 가능하다는 것은 사실 전혀 새롭지 않다. 승자가 역사를 쓸
뿐만 아니라, 때맞춰 멋들어지게 지어낸 이야기가 승리에 일조
한다는 점은 예로부터 전쟁과 평화를 가름하는 전술이기 때문
이다. 하물며 독일인들은 지난 세기에 두 번의 세계대전을 시작

30

거짓말은 어떻게 진실을 만드는가

하고도 세계를 상대로 벌인 전쟁의 책임은 자신에게 있지 않다고 나중에 변명할 말을 찾느라 혈안이었다. 역사적 사실의 지식이 얼마나 쉽게 조작될 수 있는가 하는 것은 1차 세계대전의 선동과 선전 전투의 관찰자뿐만 아니라, 특히 1933년부터 독일을 빠져나가 피신하는 데 성공한 사람들이 처절히 곱씹어야 했던 문제다. 1930년대에 맞춤한 때 독일을 벗어날 수 있었던 사람은 체계적인 거짓말이 어떤 위력을 발휘하는지, 그리고 한나 아렌트가 '허구 세계fictitious world의 구축'이라고 부른 것에 인간이 끌리는 경향을 두 차례나, 1945년 이전과 이후에 믿기 어려울 정도로 생생하게 목도해야 했다.

거짓말을 다룬 대부분의 텍스트가 독일에서 거의 토론되지 않고, 또 서점에서도 구입할 수 없다는 점을 우리는 어떤 말로 변명할 수 있을까? 외국에서 그런 책이 나왔다 할지라도 독일에서는 쓸 만한 번역본이 전혀 출간되지 않았다. 심지어 국제적으로 주목을 받은 랠프 키스의 책『진실 이후의 시대』The Post-Truth Era. Dishonesty and Deception in Contemporary Life는 원서로만 읽을 수 있을 뿐이다. 이 책의 제목은 그동안 우리 시대를 적확하게 나타내는 슬로건으로 자리를 잡았으며, 그 밖에 돌이켜보면 마치 공공연한 거짓말 핸드북처럼 읽힌다. 이 책에서 도널드 트럼프라는 이름은 14쪽에 처음으로 나온다. 바로 그 옆에, 곧 15쪽 같은 행 높이에서 독자는 의도적인 거짓말에 '진실 이후'post truth라는 멋들어진 치장을 한 긴 목록을 발견한다. '평행적 진실', '가상의 진실', '대안적 진실', '전략적으로 부정확한 묘사' 하는 따위가 그것이다. 이 책은 2004년에 출간되었다.

물론 반드시 이런 책을 좋아할 필요는 없다. 그러나 자기도 모르게 "허 참, 누가 이런 상상까지 한 거야!" 하는 탄식을 쏟아내기 전에 이런 책의 존재 정도는 알아야 하지 않을까.

오랜 세월에 걸쳐 거짓말이라는 주제를 다뤄본 사람은 우리 인간이 정말 빨리 잊는구나 하고 놀랄 뿐만 아니라, 더 나아가 그동안 자신이 파악한 거짓말 개념이 현실에서 어떻게 나타나는지 확인할 많은 기회를 얻기도 한다. 이를테면 어떤 미국 대통령 후보가 "나를 믿어주세요!"라는 구호로 과반수의 표를 얻은 현실은 어떤 개념으로 설명할 수 있을까? 어째 흥미진진해 보이는 기회이지 않은가? 그러나 철학자들을 약간이라도 아는 사람은 우리가 리포트나 전기를 쓰려고 하지 않는다는 점을 익히 알 것이다. 이 책은, 분명히 말해두지만, 미국 대통령을 다룬 책이 아니며, 끝없이 되풀이되는 명예의 다짐을 다룬 것도 아니고, 도핑으로 얼룩진 승리도, 자잘한 것에 끊임없이 매달리며 얻어낸 박사학위를 말하는 것도 아니다. 기대해도 좋을 폭로라는 것이 있다면, 그것은 바로 함께 생각해볼 조건과 가능성이 무엇인지 밝힌 것이다. 곧 이 책이 제공하는 폭로는 솔직한 대화는 어떤 조건으로 이뤄질 수 있는가 하는 밝힘이다.

개념이 무엇을 할 수 있는지 그 능력을 알아보는 방법은 개념을 직접 써보는 것이다. 마치 어떤 옷이 자연스러운 동작을 할 수 있게 해주는지 시험 삼아 입어보는 일처럼. 이 책이 소개한 개념들을 임의적인 사례에 적용해보는 일, 곧 개념과 더불어 생각하며 어떤 개념이 지각의 지평을 바꾸어놓는지 알아보는 일은 적극 추천할 만하다. 이렇게 할 때에 우리는 예전보다 방

거짓말에 관하여 질문할 시간

향을 더 잘 잡는 법을 익힐 수 있다. 그렇다고 염려할 필요는 없다. 곧장 지갑을 열어 계산을 하지 않고도 개념은 시험해볼 수 있으니까. 어른인 우리의 인식 능력은 개념을 얼마든지 시험해볼 수 있다. 또 우리는 일상에서 실제로 그렇게 한다. 개념을 의식적으로 적용해보는 것, 이것이야말로 철학 공부의 핵심이다. 우리는 두더지가 흙을 파고 들어가듯 남의 속을 파헤치며 생각할 수는 없다. 나의 개념과 상대의 개념을, 나의 생각과 상대의 생각을 맞추어보며 의식적으로 상대의 생각을 따라가볼 때, 우리는 직관과 지각의 좌표를 깨우치며 생각이라는 과정을 정확히 관찰할 수 있다. 인간은 누구나 연습을 통해 이런 관찰 방법을 터득할 수 있기 때문에, 거짓말을 다룬 책을 쓴 저자는 결국 저자도 거짓말할 수 있다는 가능성으로 독자에게 충격을 안길 수 있구나 하는 야릇한 즐거움을 맛보리라. 이런 생각의 길이 어떤 의미 있는 결과를 낳는다면, 그것은 바로 왜 거짓말쟁이는 자신이 하는 거짓말의 힘을 과대평가하는가 하는 물음의 답을 얻어내는 것이다.

그럼 하나하나 차근차근 살펴보자.

거짓말은
권력이다

인간이 언제나 어떤 상실을 했는지
자각하는 지점에서야 비로소
무엇인가 찾을 수 있다고 희망한다는 점은
놀랍기만 하다.

— 장 파울(독일 작가), 『캉팡의 계곡』(1797)

거짓말을 함께 생각해보자고 하면 시작부터 난색을 짓는 것은 우리가 거짓말을 담론의 주제로 거론하는 것을 처음으로 듣기 때문이다. 거짓말은 우리가 하지 말아야 마땅한 것이다. 아마도 거짓말은 생각할 줄 아는 능력을 가진 인간이 할 수 있는 가장 복잡한 일이기는 하지만, 거짓말을 했다고 인정받거나 칭찬을 듣는 일은 없다. 부모는 자식이 거짓말을 했다고 해서 평소처럼 아이의 발달을 반기는 황홀함에 빠지지 않는다. 다른 집의 아이와 비교해가며 자랑스러워할 생각은 엄두도 내지 못한다. "아, 글쎄, 우리 애가 벌써 거짓말을 할 줄 아네!"

거짓말, 이것은 사람이 하지 말아야 하는 것이다. 우리는 정확히 무엇을 어떻게 해야 하는지 스스로 이해하기 전에 오랫동안 이런 가르침을 받는다. 엄격한 거짓말 금지 탓에 아이가 겪는 혼란은 크기만 하다. 숙모가 해준 보잘것없는 선물에 왜 기쁘게 감사해야 할까? 왜 삼촌이 턱수염으로 문질러대는 괴상한 인사에 열광적인 반응을 보여야 할까? 아이는 속내를 솔직히 말하지 못하고 얼이 나간 표정을 짓는다. 친한 사람들이 둘러앉아 마침 자리에 없는 다른 지인을 놓고 온갖 험담을 일삼다가, 정작 당사자가 나타나면 행복에 겨운 표정으로 환영하며 함께 커피를 마시자고 소매를 잡아끄는 태도 역시 이해할 수 없는 노릇이다. 아이가 느끼는 혼란을 솔직하게 표현할 기회가 주어지는 일은 거의 없다. 예를 들어 조금 전만 해도 "미친년"이었던 그녀가 어째서 금방 친애하는 크리스타로 돌변했는지, 아이가 호기심에 눈을 빛내며 물어도 답은 전혀 주어지지 않는다.

어린아이가 솔직함과 관습이 서로 충돌하며 긴장을 이루는 영역에서 사랑과 인정을 배우는 최선의 길을 가도록 하는 명확한 교육은 이뤄지지 않는다. 어른조차 거짓말과 진실 사이의 경계가 무엇인지 분명히 언급하지 못한다고 해서 누가 놀라기나 할까? 오히려 거짓말을 두고 함께 생각해보자고 해도 어른은 그런 짓을 왜 하냐며 손사래를 친다.

　무엇인지 알아보고자 하는 관심으로 거짓말에 접근하는 일이 얼마나 어려운지 하는 것은 프리드리히 니체처럼 열린 자세로 『도덕 외적인 의미에서 진실과 거짓에 관하여』*를 생각해보자고 약속하면서도 도덕이라는 관점을 포기하지 못하는 사람들에게서 잘 관찰할 수 있다. "도덕 외적인 의미"를 말하는 의도는 다분히 도발적이다. 인간의 성장 단계에서 전형적으로 나타나는 반항적인 정신, 호감을 가지게 하는 이 반항정신은 바로 도덕을 무기로 도발한다. 실제로 어른에게 도발하며 분통 터지게 만들기에 도덕보다 더 적당한 무기는 따로 없다. 도덕은 바로 어른 자신의 무기이기 때문이다. 도덕적 물음을 제기하는 능력은 어른으로 성장한다는 중요한 특성으로 여겨지기 때문에 어른은 이 물음을 방어할 수가 없다. 즐겁게 위반할 수 있는 금지가 많으면 많을수록 그만큼 더 반항하기 좋다는 것은 정확한 이야기다. 마침 자아를 발견하는 인간은 어떤 것에 저항할 뿐만

---

*　『Über Wahrheit und Lüge im außermoralischen Sinne』. 니체가 1873년에 썼던 원고를 1896년에 출간했다. 니체 말년의 사상이 어떻게 발전하는지 보여주는 중요한 저작으로 평가받는다.

거짓말은 권력이다

아니라, 무엇보다도 자신이 지키고자 하는 가치를 위해 싸운다. 바로 그래서 사춘기의 청소년은 자유를 외치며, 곧장 철저히 반도덕적인 태도를 보이기 시작한다. 다른 사람들이 우리에게 강제하는 모든 규칙과 마찬가지로 거짓말 금지 역시 우리를 제한한다. 이 규칙을 비판하는 일은 입법자가 일관되게 지키지 않는 금지이기 때문에 아주 쉽다. 관습에 특히 강력한 타격을 입힐 이상적인 공격 포인트는 바로 도덕의 이름으로 벌이는 저항이다. 이런 저항은 좋은 느낌을 선물할 뿐만 아니라, 우월한 위치를 선점하게 해주며 마침내 동등한 자격을 가진 인간으로 성장할 기회도 부여한다. 성숙한 인격체로 진지하게 받아들여질 자격은 거짓말 금지를 문제 삼는 것이 아니라, 이런 금지를 세운 사람보다 더 진지하게 거짓말 금지를 받아들일 때 주어진다. 가문의 규칙을 깨고서 독립적인 자의식으로 과도기 없이 넘어가는 데 성공하는 사람은 극소수다. 대다수는 관계 집단을 바꿈으로써 독립성을 키우는 데 성공한다. 다시 말해 가족을 벗어나 친구로 넘어가, 믿을 만한 대상을 찾는 일은 우리가 아는 것 이상으로 진정성이 있다. 아마도 우리 인생의 이 단계에서 아무 비밀이 없는 진정한 가까움을 찾으려는 욕구는 다른 단계와 비교할 수 없는 실존적 특징을 지닌다.

물론 이 첫 번째 실험, 곧 사춘기의 열린 정신이 도발적인 물음으로 벌이는 실험은 알코올음료라는 주제로 모인 학부모 회의에 나타나 시위를 벌인다든가, 차를 몰며 속도 제한을 무시하는 행동과 전혀 다를 바 없다. 금지된 것이라면 해봐야 직성이 풀리는 이런 애교는 어떤 일이든 못 배운 것처럼 버릇없이

굴어야 자신의 존재감을 드러낼 수 있다는 강박과 마찬가지로 다행스럽게도 그저 피상적 수준에 머무를 뿐이다. 그러나 금지된 것을 "도덕 외적"으로 관찰하자는 자의식의 요구, 규칙이라고 해서 무조건 따르기 전에 한 번 토론해보자는 절박한 욕구는 항상 심오한, 분명 엄격한 도덕적 진지함의 성격을 띤다. 이 경우는 거짓말 금지에 저항하는 게 아니라, 오히려 정반대의 요구를 뜻한다. 이런 요구를 통해 우리는 마침내 '전체 진실'을 말하고 또한 듣고 싶어한다. 이는 곧 타인이 세상의 규칙을 정하고, 우리에게 아직 나이를 충분히 먹지 않았다는 이유로 어째서 이런 규칙인지 설명하지 않으려 하는 탓에 방황하던 성장 단계를 우리가 벗어나는 것을 의미한다.

공동체를 겨눈 비판, 사회를 향한 비판, 아무튼 정의를 외치는 청소년의 반항은 언제나 "우리"라고 강조하는 말이 거짓말에 지나지 않으며, 사회라는 체계가 근본부터 거짓이라는 비난을 근거로 삼는다. 오래전부터 좋은 윤리라는 위선에 익숙해진 나머지 이게 순리인 줄 알고 살아온 사람은 어린 시절의 믿음을 저버리고 그저 정해진 모든 규칙에 순응해야 평탄한 인생을 사는 것일까 번민하던 시절을 대개 잘 기억하지 못한다. 니체처럼 젊게 남은 냉소주의자는 바로 그래서 왜 어린아이에게 처음부터 진실 대신 거짓말을 가르치지 않느냐는 근본부터 뒤흔드는 논리적 질문을 던지기를 마다하지 않았다. 거짓이 횡행하는 세상에서 살아남아야 한다는 것이 우리 모두 익히 아는 사실이 아니냐면서.

물론 이런 식의 관점이 호기심을 가지고 여유롭게 거짓말

거짓말은 권리이다

을 바라보는 자세는 아니다. 오스카 와일드는 1889년, 그러니까 니체 이후 15년이 지난 시점에 출간한 에세이『거짓의 쇠락』The Decay of Lying에서 달리 어쩔 수 없다면 최소한 솜씨 좋고 멋들어지게 거짓말을 하고, 이 고급 예술에 더욱 신경을 써야 하지 않겠느냐며 도발적인 조롱을 할 때조차 태연한 척 꾸몄을 뿐이다. '도덕 외적'이라는 표현은 '바깥'이나 심지어 '도덕의 피안'을 뜻하는 게 아니라, 진정한 도덕을 향한 순수한 갈망이다. 이런 갈망은 도덕적 관심을 장식 이상의 것으로 여기며 도덕적이지 않은 현실에 가슴 아파할 수밖에 없는 사람들이 이중적 도덕에 느끼는 분노다. 도덕을 말하면서 약속 깨기를 밥 먹듯 하는 작태에 불같이 터뜨리는 분노다. 거짓말을 하지 않고도 인생을 살고 생존할 수 있어야 한다는 것은 무엇보다도 해방과 평등을 외치는 희망이다.

특히 프리드리히 니체와 오스카 와일드 같은 남자들이 이처럼 도덕의 문제로 가슴 아파한 것은 이들이 살았던 사회가 이들이 원하는 대로 살며 사랑하는 것을 어른에게조차 금지했다는 점과 관련이 있다. 거짓말을 도덕으로 꾸민 것에 저항하는 내용의 고전을 읽은 사람은 거짓말 자체를 두고 별로 배울 것이 없다는 사실에 실망하게 마련이다. 이런 실망은 그러나 우연한 것이 아니다. 니체와 와일드는 거짓말하는 인간의 능력을 그저 지켜보며 묘사하고 싶지 않았다. 니체와 와일드는 거짓말을 다루는 우리의 현실, 곧 관습과 관행을 심판하고 싶어했다. 그러나 두 사람이 살았던 세상에서 거짓말 금지의 의미는 오히려 진실을 말하면 처벌을 받는다는 것이었다. 이런 처벌은 시민으로

서의 존재가 끝장남을 뜻했다. 거짓말 문제라는 깃발 아래 이루어지는 논쟁은 그러니까 의사 표현의 자유라는 권리를 쟁취하려는 투쟁이다.

인식론의 관점에서 거짓말을 묻는 것은 사회 비판과 전혀 다르다. 또 도덕적 요구의 과중한 부담으로부터 벗어나고자 하는 시도와도 다르다. 우리는 도덕의 관점에서 거짓말을 다루는 것에 너무 익숙한 나머지, 거짓말 역시 생각할 수 있는 모든 관점에서 관찰해야 한다는 통찰을 받아들이기 어려워한다. 그러나 성찰의 모든 대상과 마찬가지로 거짓말도 인식론으로 다룰 때에 올바로 이해될 수 있다. 실제로 거짓말은 인식론으로 풀어야 할 대상이다. 화물차를 예로 들어 생각해보자. 화물차를 다룬 어떤 책 역시 먼저 인간 군중이 화물차를 타고 가도 좋은지, 좋다면 언제 화물차를 대중교통 수단으로 써도 되는지 하는 물음부터 다룬다면, 우리는 무척 생소하게 여길 것이다. 화물차를 다룬 책을 읽으며 우리가 먼저 기대하는 것은 무엇보다도 무엇이 화물차인지 알려주는 정보다. 화물차가 무엇인지 정확히 알아야 우리는 이것을 어떻게 합리적으로 쓸 수 있으며 또 써야 마땅한지 하는 물음을 다룰 수 있다. 그러니까 화물차를 다룬 책은 되도록 화물차를 단 한 번도 본 적이 없는 사람도 이해할 수 있게끔 써야 한다.

평소 우리를 혼란에 빠뜨리는 근본적인 오류는 모든 것을 설명할 수 있는 단 하나의 원리가 있다고 여기는 생각이다. 그러나 지금 우리는 도덕적 관심뿐만 아니라 인식론적 관심도 가진다. 무엇을 알고 싶다는 의지와 어떤 행동을 해야 좋은지 판

거짓말은 권리이다

단하는 윤리는 서로 경쟁해야 하는 일이 아니며, 인간이 가진 본질적으로 다른 두 관심이다. 두 가지 관심은 우리가 늘 함께 가지는 것이다. 우리는 두 가지를 서로 혼동하거나, 하나를 다른 것으로 대체해서는 안 된다. 두 가지 모두 우리 인간이 근본적으로 품는 물음이다. 어떤 사물이 무엇인지 묻는 물음과 이 사물로 무엇을 할 수 있으며 또 해도 좋은지 하는 물음은 서로 전혀 다른 성격을 지닌다(심지어 우리는 사물에 세 번째 물음도 가지지만, 이 물음은 나중에 다루도록 하자). 무엇보다도 중요한 일은 이 서로 다른 관심들을 뒤섞지 않는 것이다. 또는 심지어 어렵다거나 불편하다는 이유로 하나의 관점에서 다른 관점으로 피해 다니는 태도도 안 된다. 쉽지 않은 일이며, 또 바로 그래서 많은 위대한 사상가 역시 이 점을 지키지 못해 실패했다. 철학이라는 학문이 거느린 분야들이 우연히 분과가 된 것은 아니다.

이론적 관심과 실천적 관심의 차이를 만드는 이른바 '객관성', 항상 논란을 부르는 '객관성' 탓에 철학이 분과로 나뉘는 것은 아니다. 실천과 이론은 따뜻한 심장과 차가운 지성이라는 낭만적으로 꾸며진 대비가 전혀 아니다. 도덕적 담론도 객관적으로 냉철하게 이뤄져야 하는 것이기 때문이다. 도덕적 관심을 가지고 연구하며 토론하는 사람은 인식의 관심을 뒤로 물려둔다. 그리고 이론적 관심으로 연구하는 사람은 도덕의 문제를 자기 작업에서 깔끔하게 떼어낸다. 이런 분리가 도덕을 반도덕 또는 도덕 외적인 의도와 대비시키는 것을 뜻하지는 않는다. 인식의 관심에 집중하는 것은 다른 방법으로 도덕 비판을 하는 것이 전혀 아니며, 오히려 뭐가 문제인지 알고 싶다면 사안을 필연적으로 달리 다뤄야 한다는 것을 의미할 뿐이다.

계몽이 우리에게 실천적 이성을 우선시하는 이른바 '우선권'을 주도록 의무를 지웠다는 것, 다시 말해 갈등이 빚어지는 경우 윤리를 우선시하게 만들었다는 것이 이론 연구는 하지 않아도 좋다는 뜻은 아니다. 윤리적 관심만 가지고 자기만의 독자적인 의견을 충분히 완전하게 형성하는 것은 생각할 수 없는 노릇이다. 오히려 정반대가 되어야 한다. 우리는 우리 자신과 세계를 더 많이 알수록 그만큼 더 큰 책임감을 가지고 행동할 수 있다. 도덕은 앞뒤 가리지 않고 책임감을 가지게 만드는 지름길이 아니다. 오히려 도덕은 세계와 우리 자신을 둘러싼 앎이 어떻게 하는 것이 최선인지 결정하기에 충분하지 않음에도 당장 행동에 나서야 할 때를 대비한 비상 프로그램이다. 그러나 도덕이라는 안전망을 가진다는 게 최선의 선택이 무엇인지 알 수 없는 비상시의 대책만을 뜻하지는 않는다. 비상시가 아닌 평상시에도 우리는 도덕에 따라 살도록 힘써야 한다. 즉, 도덕적 요구에 따라 스스로 결정하는 인생을 산다는 것은 시간이 허락할 때마다 세계와 자기 자신을 아는 일에 힘써야 함을 의미한다.

이해함과 판단함은 서로 배타적이지 않다. 다만 어떤 경우에도 둘을 혼동하거나 동일시해서는 안 된다. 판단하고자 하는 것을 더 잘 이해할 때 판단은 그만큼 더 쉽게 내려진다. 그리고 성급한 판단이 우리 시야를 좁혀놓지 않아야 우리는 무엇이 문제였으며, 지금 문제인지 정확히 알아낼 수 있다. 거짓말과 관련해 도덕의 관점을 일단 내려놓기가 어려울지라도, 우리는 도덕이 진실로부터 도피하는 수단이 아니라는 점을 명심해야 한다. 도덕은 본질적으로 우리가 어떤 근거를 가졌는지 알 때에만 행동해야 한다는 요구이다. 심지어 자신은 거짓말을 원하지 않는다고 확신하는 사람일지라도 거짓을 상대로 싸울 수단을 생각하기 전에 무엇보다도 거짓말이 무엇인지 알아야 한다.

어떤 사물이 무엇인지 묻는 것은 이 사물을 그것이게끔 만드는 필연적인 조건의 탐색이다. 우리의 경우 거짓말을 거짓말로 만드는 조건, 비록 우리가 구체적으로 경험하는 거짓말은 다양한 형식으로 나타날지라도, 이 다양함 가운데 항상 동일하게 남는 것이 거짓말의 필연적인 조건이다. 우리가 경험하는 모든 것은 언제나 유일무이하다. 시간상의 존재는, 바로 인간이 세월과 더불어 변화하듯, 늘 달라지는 모습을 보이며 동일할 수 없기 때문이다. 그럼에도 우리 인간이 방향을 잃지 않을 수 있는 이유는 직접적인 체험에 일정 정도 거리를 두면서 재료, 형식, 작용 그리고 구조를 물을 줄 아는 능력 덕분이다. 모든 사과는 당연히 서로 다르다. 그러나 우리는 본질적인 특성을 비본질적인 그것과 구분하면서 사과를 배와 혼동하지 않을 때 사과의 명확한 개념을 가진다. 이런 개념 덕에 사과도 배도 나무에 달리지만 우리는 둘을 분명하게 구분할 줄 안다.

거짓말의 개념을 물으면서 우리가 찾아야 하는 것은 거짓말을 이루는 본질적 요소이며, 이 요소들이 서로 어떻게 결합하는가를 해명하는 것이다. 언제나 현상의 꽁무니만 헉헉대며 쫓아다니는 정의는 명확한 개념이 될 수 없다. 이런 정의는 거짓말이 그때그때 어떤 형식으로 나타나든, 무슨 매체를 통해 등장하든 상관없이 그 본질적 특성을 분명하게 묘사해주지 못하기 때문이다. 거짓말의 명확한 개념 탐색은 다른 대상의 경우보다 약간 더 어렵다. 거짓말하는 사람과는 달리 나무야 사과를 우리가 먹어보아도 사과인지 알 수 없을 정도로 현혹하는 모습으로 꾸며 보이는 일이 없기 때문이다. 어쨌거나 액체, 기체, 고체로 끊임없이 변화하는 물을 개념으로 적절하게 묘사할 수 있으려면 우리는 약간의 용기를 필요로 한다. 모든 대상 인식과 마찬가지로 거짓말의 개념에서도 처음부터 다양한 경험에 사로잡히지 않는 것이 중요하다. 끝없이 이어지는 경험의 사례는 어떤 것이 특히 자극적이어서 잘못된 방향으로 호도할 수 있기 때문이다. 그 대신 아주 간단한 물음으로 시작하는 것이 좋은 방법이다. 도대체 왜 거짓말이 있을까, 왜 거짓말은 가능할까? 거짓말이 가능하다는 것은 당연한 사실이 전혀 아니기 때문이다.

거짓말하기

거짓말은 진실의 반대일까

거짓말이 가능한 첫 번째 필수
조건은 인간이 가진 거짓말할 줄 아는 능력이다. 이 능력은 우
리가 구사할 수 있는 것 가운데 가장 복잡하다. "숙제는 당연
히 벌써 다 했지" 하는 장담과 같은 어린 학생의 단순한 거짓말
도 알고 보면 복잡하기는 마찬가지다. 우리는 대개 거짓말을 간
접적으로만, 곧 돌이켜보며 관찰하는 탓에 거짓말을 할 때 실제
로 무슨 짓을 하는지 알아보지 못하기 일쑤다. 논리학자는 거
짓말하는 사정을 아주 간단하게 풀 수 있다고 주장한다. 거짓

●   1950년부터 1970년대까지 쓴 총 28권의 일기를 바탕으로 한나 아렌트 사후
2002년에 출간되었다.

말은 아이가 'Non-P'인데 'P'라고 말하는 것이라는 게 논리학자의 설명이다. 그러나 "숙제를 하지 않았음"에도 "숙제를 끝냈다"고 말하는 지점에 이르기까지 아이가 채워가는 거짓말의 조건은 'Non-P'와 'P'라는 간단한 도식이 담아내지 못한다. 더욱이 우리가 이런 작은 거짓말로부터 키워갈 수 있는 거짓말의 예술적 경지는 이런 단순한 부정의 도식으로 전혀 설명할 수 없다.

거짓말하는 우리 능력의 시초에는 '나'라는 자아가 있다. 진실이 존재하는지, 또 왜 존재하는지 하는 것은 매우 어려운 문제다. 우리는 진실을 의식과 현실 사이의 관계로 이해하면서, 과연 진실이라는 게 존재하는지 확신할 수 없기 때문이다. 반면 왜 거짓말이 있는지 하는 물음은 아주 쉽게 대답할 수 있다. 거짓말은 인간이 원하기 때문에 존재한다. 거짓말의 뿌리는 인간 안에 있다(아리스토텔레스라면 거짓말의 작용인作用因이 인간이라고 보다 더 정확히 말할 것이다). 곧 거짓말의 전제 조건은 거짓말을 하는 우리의 능력과 이 능력을 이용하려는 의지가 작용해 벌이는 행동이다.

그런데 인간이 거짓말을 할 수 없다는 주장이 흔히 대두되곤 한다. 이런 주장은 결국 절대 진실이라는 것이 존재하지 않기 때문에 거짓말도 전혀 있을 수 없다고 강변한다. 그러나 최소한 진실이 일종의 환상이거나 사회가 지어낸 허구라는 생각이 가능하다면, 거짓말은 뭐란 말인가? 그냥 간단하게 사람은 저마다 자기 관점에서 이야기를 하며, 다른 관점에서 볼 때에만 뭔가 잘못된 이야기를 하고 있다는 인상이 생겨난다고 말할 수

48

는 없을까? 이런 설명은 주로 나중에 변명만 늘어놓는 사람이 즐겨하는 것이라 좀 미심쩍다는 점만 빼면, 우리의 문제를 기쁘게도 간단하게 만들어준다. 거짓말하기와 거짓이 무엇인지 묻는 물음은 절대적 진실이든, 아니면 고작 상대적으로 확보되었을 뿐인 진실이든, 진실의 문제와 아무 관계가 없다. 언뜻 듣기에는 놀랍게 들리는 이야기이기는 하다. 그러나 거짓말을 그저 진실의 반대로 바라보는 우리의 성향은 거짓말에 희생된 경험이 쓰라려 생겨난 것일 뿐이다. 그리고 거짓말을 진실의 반대로 보는 관점은 하나의 아주 특정한 의미에서만 맞을 뿐이다.

거짓말을 하는 사람이 출신, 교육, 성격 따위로 분명 세계를 바라보는 특별한 관점을 가졌을 수는 있다. 그러나 거짓말을 하는 인간의 능력을 문제 삼을 때 우리는 착각, 관점주의, 개인적 색안경, 학습 능력, 변덕 또는 일시적으로 나쁜 기분 따위를 거론하지 않는다. 분명히 말해 관점의 차이가 거짓말을 하게 하는 것은 아니다.

거짓말을 하면서 우리가 변형시키는 것은 진실이 결코 아니며, 언제나 우리가 진실이라고 여기는 것일 뿐이다. 진실이라고 여기는 것이 자신과 맞지 않아 변형시키는 것은 아니다. 정반대로 우리는 다른 사람이 우리가 무엇을 진실로 여기는지 아는 것을 원하지 않아서 거짓말을 한다. 정확히 말해 우리는 세계의 정보를 숨길 뿐만 아니라, 무엇보다도 자기 속내를 들키고 싶어 하지 않는다. 바로 그래서 거짓말을 하는 사람은 속임을 당하는 상대보다 더 잘 알 필요가 없다. 거짓말하는 사람은 자신이 알고 있는 것만으로 충분하다는 확신이면 족하기 때문이다. 물론 이런 확신을 가지지 못하면서도 거짓말은 감행할 수 있다. 그러나 자신이 진실로 여기는 것을 의심하면서 시도하는 거짓말은 성공할 수 없다.

결국 이런 가능성을 고려한다 하더라도 거짓말하는 능력이라는 우리의 문제는 달라지지 않으며, 더욱 풀리지 않고 꼬일 뿐이다. 심지어 모든 것이 상대적이며 인간은 참과 거짓 사이의 그 어떤 의미 있는 구분을 할 수 없어서 모든 견해가 똑같은 자격을 가져 결국 어느 것도 통할 수 없다는 확신(물론 이런 확신을 가진 사람은 이 확신을 진실이라고 여기며 반드시 통한다고 생각할 것이다)이 성립할지라도, 진실의 문제는 거짓의 문제를 바깥에서 바라보는 관점일 뿐이다.

거짓말하는 사람은 언제나 어떤 것을 가졌다고 확신하고, 이것을 지금 자신이 가진 그대로 지키며 남과 나누고 싶지 않아, 자신이 가진 것을 다른 것으로 꾸미려 한다. 거짓말을 하는 순간 우리는 진실과 허위가 서로 완전히 다른 것이라고 굳게 믿는다. 진실과 허위 사이에 회색지대가 얼마든지 있을 수 있음에도, 거짓말을 하려는 의도에서 우리는 흑백사고에 매달린다. 따라서 우리는 '거짓말하기'라는 이 특수한 행동이 어떻게 선택되는지 더욱 진지하게 알아보아야 한다. 거짓말이 정확히 무엇인지 알아보려는 자세, 이것만이 중요하다.

거짓말, 자유의 가능성

자기 자신이 누구인지 성찰하며 우리는 행동과 태도를 구분한다. 동물이면서 생각할 줄 아는 우리 인간은 생명체의 생리작용에 따른 반응과 자발성이 서로 본질적으로 다르다고 확신하기 때문이다. 압력과 반발이라는 끊임없이 이어지는 원인과 결과의 연쇄고리인 자연 현상과 다르게 우리는 이런 연쇄고리의 출발점이 자신일 수도 있다고 안다. 다시 말해 인간이 처음에 시동을 걸어주어야 일어날 수 있는 사건, 곧 인간이 작용 원인인 사건이 있다고 우리는 믿는다. 태도는 우리가 어떤 상황에서 어떻게 행동해야 좋을지 결정할 수 없어서 생명체인 몸이 시키는 대로 따르는 것이므로, 반응이라고도 한다. 이와 달리 자발적 행동은 자유를 전제한다. 진실이 실제로 존재한다면, 다시 말해 인간이 자신과 세계의 참모습을 알 수 있는 가능성을 가진다면, 인간은 진정한 의미에서 자유를 가지지 않는다. 진실이 실제로 존재하는 경우, 우리의 앎은 이 진실에 충실하거나, 적어도 비슷하게나마 그려내야 하는 것이기 때문이다. 내가 진실의 진술 혹은 진실의 그림을 다른 사람에게 전달해주고자 한다면, 이런 전달에 나의 자유에 따른 결정이 개입할 여지는 없다.

진실은 지식과 마찬가지로 우리가 이미지만 떠올릴 게 아니라 생각하면서 세계를 파악함으로써 찾아내는 개념이다. 이 개념은 우리가 본질적으로 세계에 의존적임을, 다시 말해 세계로부터 자유로울 수 없음을 보여준다. '사실'fact이라는 단어는 라틴어 '팍툼'factum에서 비롯된 것으로, 본래 '만들어진 것'이라는 뜻이었으며, 우리가 희망한 것 또는 의지한 것과는 전혀 다른 의미를 지닌다. 내가 "테이블 위의 찻잔이 검은색이며 윌리엄 킬번*의 문양을 새겼다"라고 말한다면, 이 말은 사실이 그렇다는 내용일 뿐, 내가 자유를 가지고 의지로써 찻잔이 바로 이런 모양이며 19세기 아일랜드 화가가 그린 꽃문양을 가져야 한다고 정한 것이 아니다. 나는 물론 찻잔이 테이블 위에 놓이도록 스스로 결정할 수 있다. 또는 아예 찻잔을 직접 만들거나, 원한다면 전혀 다른 문양으로 장식할 수는 있다. 그러나 일단 찻잔이 거기 놓여 있다면, 나는 찻잔이 테이블 위에 놓여 있다는 것을 부정하거나 진실로 여기지 않을 자유를 가지지 않는다. 그리고 내가 테이블 위에 무엇이 놓여 있는지 독자 여러분에게 이야기해주고 싶을 때도 나는 사실과 다른 말을 할 자유를 가지지 않는다. 그러나 어느 모로 보나 인간은 자신이 아는 사실을 마치 모르는 것처럼 행동하거나, 자신이 진실로 여기는 것을 다르게 꾸며 보일 줄 안다. 이런 확인은 거꾸로도 할 수 있다.

진실과 지식을 말하는 사람은 인간의 자유가 한계를 가진다는 점을 인정해야 한다. 우리의 자유가 끝나는 한계는 '있는 그대로의 세계'이며, 이 세계가 우리에게 미치는 영향이다. 다시 말해 세계는 우리가 꾸며놓는 것이 아니다. 세계는 우리로 하여금 지각하게 만드는 것이다. 동시에 우리는 마치 세상을 달리 알고 있는 것처럼 다른 사람에게 묘사할 가능성을 가진다. 세상을

●   William Kilburn(1745~1818). 아일랜드 출신의 캘리코 디자이너.

사실과는 다르게 꾸미면서 이런 묘사가 단순히 다른 의견이 아니라 세계의 사실이라고 강변하기도 하는 존재가 우리 인간이다. 다시 말해 거짓말은 무엇보다도 자유를 전제한다. 정확한 앎을 원치 않는 많은 사람들이 촌철살인의 유머로 자신의 무지함을 꼬집는 통에 두려워한 한나 아렌트는 인간의 거짓말하는 능력에서 철학이 품어온 최대의 난제들 가운데 하나의 답을 찾아냈다. 한나 아렌트는 1969년에 개정판을 낸 『진실과 정치』**에서 이렇게 썼다. "거짓말하는 우리의 능력은 자유가 실제로 존재한다고 입증해주는 몇 안 되는 데이터 가운데 하나다."

거짓말은 정말 능력이지, 무지함이나 무능함이 아니다. 거짓말은 우연히 일어나거나, 어쩌다 당하는 것이 아니라, 거짓말하려는 의지가 있어야 생겨난다.

정확히 보면 우리는 거짓말로 심지어 자유를 여러 방식으로 실현한다. 거짓말을 하는 사람은 지금 정확히 이 순간 있는 그대로의 세계와 다르다고 자신이 확신하는 그림을 다른 사람에게 전달해주려는 의지를 불태운다. 거짓말을 한다는 것은 감각 지각의 직접적인 인상을 버려야 함을 전제한다. 즉 우리는 자신이 직접 체험하는 세계와 거리를 둘 줄 알아야 한다. 나는 찻잔을 알아보기는 하지만, 여전히 그곳에 찻잔이 없다거나 전혀 다른 것이 있다면 어떨까 상상할 수 있다. 인간에게 지각은 반드

** 『Wahrheit und Politik』. 한나 아렌트가 『예루살렘의 아이히만』을 둘러싼 논란을 보며 자기 생각을 정리한 책으로, 원래 1964년에 쓴 것이다. 약간 변형된 형태로 1967년에 영어판이, 1969년에 독일어 개정판이 나왔다.

시 직접적이지 않다. 우리의 의식은 직접적인 감각의 자극을 걸러내거나 변형된 '우리의 감각자극'으로 파악할 수 있게 해준다. 어떤 것을 바라볼 때 영향을 줄 수는 없다 할지라도, 우리는 감각이 직접적인 자극을 멀리하도록 결정할 수 있다. 심지어 우리는 어떤 자극이 준 인상을 바꾸는 법도 배울 줄 안다. 곧 '자극-반응'이라는 도식은 우리가 아픔을 참거나 다른 방식으로 다루도록 결정한다면 무너진다. 이런 근본적인 자유를 가지기 때문에 우리는 심지어 감각자극을 어떻게 다루면 좋을지 결정할 수 있다. 이런 식으로 자제할 수 있는 능력은 가령 우리를 손님으로 초대해준 주인이 도저히 먹을 수 없는 끔찍한 요리를 내놓아도 주인에게 요리 솜씨가 매우 뛰어나다고 칭찬을 늘어놓을 수 있는 필수 조건이다.

의식적이지만 은밀한 유도

최소한 감각자극의 직접적 영향에 거리를 두고 움직이는, 곧 행동할 줄 아는 능력에 더해 우리의 자유는 확신과 거리를 두기도 한다. 자전거에 열쇠를 채워두었느냐는 물음에 "아니, 안 했어"라고 대답하는 대신 유치하게도 "응" 하는 거짓말은 우리가 자기의 앎으로부터 철저히 자유로울 수 있음을 전제로 한다. 나는 내가 알고 있는 세계와 다른 세계를 생각할 수 있다. 우리의 예에서 보듯, 이런 다른 세계는 열쇠로 채워진 자전거다. 우리는 앎과 행동을 서로 묶지 않기 때문에 거짓말을 할 수 있다. 자신이 알고 있는 것에 확신을 가지면서도 우리는 전혀 다르게 행동할 수 있다.

『사악한 생각』을 읽은 독자는 물론 이마누엘 칸트가 인간을 두고 철저히 사악한 존재, 곧 인간됨의 뿌리부터 사악하다고 한 말을 잘 알 것이다. 정확히 그래서 칸트의 그 무수한 메모지 가운데 한 장에는 다음과 같은 글이 적혀 있다. "인간의 부정직함이 근본적인 사악함"인 것은 이런 부정직함이 '형식적 사악함'이기 때문이다. 칸트가 말하는 '형식적 사악함'이란 우리 인간의 인식 능력이 의도적으로 논리적 오류를 만들며, 이런 오류에도 일관되게 생각할 줄 안다는 뜻이다. 다시 말해 우리는 자신이 안다고 확신하는 것과 무관하게, 자유롭게 생각할 줄 안다. 요컨대, 우리는 진실을 전략적으로 다룬다. 자신이 옳다고 여기는 것과 다르게 행동할 수 있는 것처럼, 우리는 자기 확신과 다른 말을 하기도 한다. 우리는 자신이 옳다고 여기는 것 또는 옳은 행동의 지표로 여기는 것에 전혀 개의치 않고 지어낸 이야기를 다른 사람에게 천연덕스럽게 한다. 그래서 인간은 근본적으로 사악한 존재다.

그저 일관된 생각에 그치지 않고 그 이상을 할 수 있는 능력은 인간이 아주 일찍부터 관찰해왔다. 4세기의 신학자 아우구스티누스는 이런 능력을 두고 두 개의 심장을 말했다. 요한 볼프강 폰 괴테는 자신의 파우스트로 하여금 가슴속의 두 영혼을 한탄하며 한숨짓게 만들었다. 20세기 인류를 상대로 죄악을 저지른 아돌프 아이히만은 거짓말하는 탁월한 소질을 자랑하며 이런 능력을 시험해볼 기회를 이용해 교활하게도 '의식의 분열'이라는 개념을 꾸며냈다. 그러나 이 개념은 우리가 거짓말의 본성을 밝히려는 노력을 헛되게 만드는 꼼수일 뿐이다. 거짓말은 놀랍게도 자아의 분열, 자아의 이중화를 뜻하지 않는다. 자아를 심장이나 영혼 또는 의식이라고 바꿔 부른다고 해서 문제가 달라지지는 않는다. 오히려 거짓말하는 능력은 우리의 자아, 곧 우리의 확신과 감정을 더욱 선명하게 의식할 수 있어야 발휘된다. 자기 확신과 감정을 잘 알아야 우리는 그만큼 더 잘 전혀 다른 자아를 꾸며낼 수 있다. 거짓말하는 사람은 자기 본 모습과, 자신이 보여주고 싶은 모습 사이의 구별을 언제나 명확히 의식해야 한다. 그렇지 않으면 자신이 꾸며 보이고 싶은 모습을 통제하는 일이 어려워지기 때문이다.

우리는 근본적으로 자유 의식을 가지기는 하지만, 생각과 행동 사이의 연관관계에서 완전히 자유로운 것은 아니라는 사실을 명심해야 한다. 더 정확히 말하자면 이런 연관관계를 아는 것이야말로 거짓말의 또 다른 필수 조건이다. 거짓말은 결국 다른 사람의 생각을 노린다. 그러나 다른 사람의 생각에 영향을 주어 행동에도 영향을 미치려 하지 않는 거짓말은 아무 의미가 없다. 친구가 우리를 두고 어떤 생각을 하는지 중요하게 여긴다는 우리의 말은 결국 친구가 우리에게 어떤 태도를 보이는지, 곧 어떻게 행동하는지 지켜보겠다는 속내를 드러낸다. 거짓말하는 사람은 다른 사람의 생각에 영향을 줌으로써 그의 행동을 변화시키려는 의지를 가진다. 즉 자기 확신으로 다른 사람의 행동 변화를 유도할 수 있다고 믿는다.

인간이 언제나 자기 확신에 따라 행동하지 않는다는 점은 윤리학자가 보기에 심각한 도덕적 문제다. 상대방이 확신에 따라 행동하지 않을 가능성은 거짓말하는 사람에게 물론 위험 요소이기는 하다. 그러나 거짓말하는 사람은 속이려는 상대가 확신에 따라 행동하지 않을 경우를 예외 상황으로만 고려한다. 거짓말하는 능력은 어떤 생각, 곧 어떤 사고방식이 우리에게 어떤 행동의 결정을 유도하는지 계산할 줄 안다는 것을 뜻한다. 다른 사람의 생각에 영향을 미쳐 자기가 원하는 쪽으로 행동하도록 하면서도 여전히 결정은 자유롭게 내린다는 확신을 상대방이 가지도록 하는 것, 이것이 거짓말이다.

매체와 도구

다른 사람의 생각에 영향을 미치기 위해서는 소통의 가능성이 필요하다. 사람들 사이에 소통을 이어주는 매체가 없이 거짓말은 이뤄질 수 없다. 거짓말하는 능력과 관련해 가장 먼저 떠오르는 매체는 언어다. 언어는, 최소한 매우 오랜 세월 동안, 다양한 내용의 정보를 교환하는 데 아주 알맞을 뿐만 아니라, 특히 쉽게 사용할 수 있는 소통의 매체다. 몇 년 전부터 사진과 특히 동영상이 소통 수단으로 갈수록 큰 비중을 차지해온 것은 오늘날 우리가 거의 실시간에 가깝게 사진과 동영상을 만들고 유포하며 수신할 수 있는 기술을 활용하게 되었기 때문이다. 예전에는 언어로만 가능했던 소통이 이처럼 다양한 매체를 활용하게 되면서, 이런 매체들은 거짓말을 하는 데도 이용된다. 거짓말을 하고 싶은 사람은 이 매체들을 어떻게 활용하면 되는지 잘 알아야 할 뿐만 아니라, 더 나아가

이 매체들의 도움으로 단순한 데이터를 어떻게 가짜 또는 조작된 정보로 위장할 수 있는지 하는 지식도 갖춰야 한다. 표정, 몸짓, 시선, 신체 접촉, 언어, 사진 또는 음향 등은 모두 의도적으로 거짓 소통에 활용될 수 있는 매체다. 다만 이런 거짓 소통의 전제 조건은 위에 언급한 모든 것이 각각 어떻게 매체로 기능하는지 알아야 한다는 점이다. 거짓말하는 능력은 필연적으로 이런 매체 기능을 숙지하고 통제할 수 있어야 함을 의미한다. 그것도 해당 매체를 그저 습관적으로 이용하는 사람에 비해 훨씬 더 높은 수준의 지식이 필요하다. 정보가 각각의 소통 기술에서 어떻게 암호화되고 해독되는지 하는 충분한 경험이 주어질 때에, 이런 소통 기술은 우리의 특별한 목적에 이용될 수 있다.

소통의 다양한 방식을 활용할 수 있어야 우리는 소통의 내용으로 거짓말을 할 수 있을 뿐만 아니라, 매체의 효과를 이용해서도 조작할 수 있는 경지에 올라선다. 언어로 이뤄지는 거짓말만 하더라도 이런 거짓말을 하는 사람은 해당 주제에 별로 할 말이 없음에도 자기 이야기로 상대방이 사실과 맞지 않는 추론을 하도록 유도할 수 있어야 한다. 마찬가지로 사진의 전송이 그 내용과는 무관하게 착각을 유발할 수 있기 위해서는, 내가 사진을 찍을 줄 알며, 이 사진으로 해당 주제에 결정적 기여를 한다는 인상을 심어줄 수 있어야 한다. 예를 들어 경찰이 수사하고 있는 사건과 관련해 사진을 보내는 사람은 이 사진이 전혀 다른 시점에 아마도 엉뚱한 곳에서 찍은 것을 인터넷에서 도용한 게 아니라, 사건과 관련해 결정적 제보를 하는 것이라는 인상을 반드시 심어줄 수 있어야 한다. 이처럼 매체의 활용 기술이 중요한 역할을 하기 때문에 거짓말을 하는 사람이라 할지라도 반드시 허위를 말하는 것은 아닐 수 있다. 그만큼 오늘날의 매체 환경은 복잡해지고 교묘해졌다. 아무튼 오늘날 특히 인기를 누리는 거짓말 기술은 나중에 더 자세히 다루도록 하자. 지금은 거짓말의 조건을 두고 생겨날 수 있는 오해 가운데 무엇이 가장 위험한지, 어떻게 해야 이런 오해를 피할 수 있는지 하는 암시만으로도 충분하다. 우리의 거짓말 능력을 이해하고자 하는 사람은 우리가 거짓말에 이용하는 도구 가운데 어느 하나에만 매달리지 않는 편이 좋다.

인지 능력, 전략, 조작

거짓말하는 능력은 뛰어난 인지 능력을 전제로 한다. 인지 능력은 상상력과 더불어 관점의 변화를 유도할 필수 조건이다. 거짓말을 하는 나는 전혀 존재하지 않는 세계를 생각할 수 있어야 한다. 이런 생각에는 또한 내가 전혀 가지지 않지만, 가진 것처럼 전달해주어야 할 의식 상태 또는 느낌도 속한다. 마찬가지로 나는 이런 세계를 가졌다고 전달해주고 싶은 사람의 입장에서 생각할 수 있어야 한다. 사과를 두고 나누는 대화와 달리 거짓말하는 사람은 사과를 가리키며 "직접 두 눈으로 봐!" 또는 "한번 먹어봐!" 하는 식으로 소통의 문제를 해결할 수 없다. 바로 그래서 거짓말하는 사람은 속이려는 상대의 입장을 구체적으로 떠올리며, 그의 개인적인 관점, 지식 수준, 또 그가 말해준 것을 의심하며 통제할 가능성까지 낱낱이 고려할 수 있어야 한다.

거짓말하기처럼 인간에게 관점을 자주 바꾸라는 요구를 하는 능력은 따로 없다. 우리는 진실로 여기는 것만 다른 사람에게 전달할 수 있는 게 아니다. 우리는 또한 의식적으로 우리가 전혀 다른 것을 진실로 여기고 있다고 상대방이 받아들일 수 있게끔 소통 방식을 이용하기도 한다. 우리는 생각과 행동의 연관 관계를 되도록 환히 꿰고 있어야 한다. 그래야 우리는 다른 사람에게 무엇을 진실로 여겨야 하는지 암시해주며 특정 행동을 유도할 수 있다. 이런 유도 방식은 흔히 생각하는 것처럼 폭력만이 아니다. 진실을 전략적으로 다루는 방식 역시 특정 행동을 유도하는 방법이다. 폭력이 아니라 조작만으로도 생각에 영향을 주어 바라는 대로 행동은 얼마든지 유도될 수 있다.

거짓말은 사람의 행동을 바꾸려는 시도다. 상대가 알아차리지 못하게 그가 세계와 관련해 하는 생각을 훔치고, 나의 생각을 전달하여 그 자리에 가져다놓는 것이 바로 거짓말이다. 우리는 자신이 가진 다양한 인식 능력으로 세계 안에서 우리로 하여금 방향을 잡게 해주는 그림을 그려낼 줄 안다. 동시에 우리는 두 번째 그림을 다른 사람에게 날조해 주면서 그가 환상에 빠지게 유도한다. 상대방은 이 그림을 자신이 찾아낸 것이라고 착각하며 거짓말하는 사람의 의도대로 엉뚱한 방향으로 끌려다닌다. 가령 우리는 자신은 한 발자국도 내딛지 않을 다리를 짓고 다른 사람이 먼저 다리를 건너가게 유도하면서 그를 추락하게 만들어 자기 이익을 갈취하는 존재다. 다리를 건너며 우리가 연출했을 뿐인 투쟁에 나섰던 그는 추락하며 자신이 정의를 위해 싸웠다고 자위하리라. 인간은 이런 마법을 실제 구사하는 사람에게 은밀한 존경심을 품는다. 놀랍지 않은가?

거짓말쟁이

거짓말쟁이에게 배울 만한 것

허구를 지어내는 사람들은 주변에서 근본적으로 모든 예술가, 최소한 모든 언어 예술가는 거짓말을 업으로 삼는다는 말을 기꺼이 듣고 싶어한다. 주어진 사실의 모든 경계를 자유롭게 넘나들 뿐만 아니라, 전혀 존재하지 않았으며 자신이 없이는 존재할 수 없는 세계를 생겨나게 할 수 있는 환상적 솜씨를 발휘할 수 있으면 좋겠다는 생각은 몽환적인 감격을 자아낸다. 그러나 상상력을 마음껏 풀어낸다는 것은 결국 상당한 용기를 필요로 한다. 원한다고 누구나 하늘을 나는 것은 아니니까. 이런 예술 혹은 기술로 독자를 사로잡아 허구의 세계로 유혹하며, 자신이 창조해낸 것에 열광시키는 경험은 의심할 바 없이 중독성을 낳는다. 게다가 무엇보다도 작가는 "빛이 있으라" 하고 말하니 빛이 생겨났다는 그분과 최소한 약간이라도 동등한 위치에 올라서지 않을까 하는 착각에 벅찬 감격을 맛본다. 대체로 모든 창의성에는 거짓말이 내재하는 게 아닐까?

거짓말쟁이가 더 나은 사람 또는 최소한 더 영리한 사람은 아닐까 하는 물음은 이미 2400년 전에 어떤 철학자가 제기한 것이다. 보다 더 정확히 말하자면(우리의 주제는 다른 어떤 것보다도 정확성을 요구하니까), 이 철학자는 다른 철학자로 하여금 이 물음을 당시 마찬가지로 재능이 뛰어난 유명 지성인에게 던지도록 한다. 이런 대화를 벌이게 만든 목적은 당대의 스타인 유명 지성인이 진실 탐구에는 그 명성과 걸맞지 않음을 보여주려는 것이다. 플라톤의 대화록 『소 히피아스』Hippias Minor는 아마도 이 위대한 그리스 철학자가 쓴 글로 믿기 힘들 정도의 스캔들이다. 어찌나 충격적인지 근대의 사상가들은 이 글이 플라톤이 직접 쓴 것이 아니라 누군가 그의 이름을 빌려 쓴 가짜라고 주장했을 정도다. 위작이라고 내세운 근거는 오로지 이 글의 내용일 뿐이다. 플라톤이 어떻게 이런 글을 썼을까? 하필이면 철학자가 능력과 지식이 뛰어나다고 거짓말쟁이를 칭찬하는 일이 어떻게 가능할까? 게다가 플라톤은 작가가 개념을 분명히 밝히는 일에 힘쓰지 않고 허구나 지어낸다는 이유로 공공의 안녕을 위협한다고 보지 않았던가?

철학자 소크라테스는 엘리스 출신의 박식한 히피아스가 저녁 강연을 마치고 난 뒤 청중이 이미 가버렸을 때 그에게 말을 건다. 두 사람은 서로 좋아하지 않았다. 수학에서 원과 같은 면적을 가진 정사각형을 그려내는 것이 불가능하다는 이른바 '원적圓積 문제'라는 괄목할 만한 발견을 한 바 있는 히피아스는 소크라테스의 출현에 최악의 상황을 짐작하며 잔뜩 긴장했다. 강연에서 그는 호메로스와 그의 두 영웅, 곧 나무랄 데 없이 올곧은 아킬레우스와 꾀 많은 방랑객 오디세우스를 언급했다. 소크라테스는 문학작품이 진실을 담아내지 못한다며 못마땅한 태도를 노골적으로 드러낸다. 호메로스의 두 영웅 가운데 누가 더 나은 인간이냐고 소크라테스는 묻는다. 진실한 아킬레우스인가, 아니면 거짓말을 일삼는 오디세우스인가? 히피아스는 아킬레우스를 높이 칭찬한 것으로 미루어 자신감이 넘쳤던 모양이다. 플라톤의 대화편을 읽어본 독자라면 이제 어떤 일이 벌어지는지 알고도 남을 것이다. 소크라테스는 아무것도 모르는 순진한 사람을 연기하며 아주 간단한 물음을 계속 던져가면서 히피아스의 드높은 자신감을 은근슬쩍 만신창이로 만든다. 결국 당대 최고의 강연료를 받던 순회 강사는 버벅거리며 말을 더듬을 지경으로 망신을 당한다. 어쨌거나 플라톤은 히피아스에게 소크라테스가 자신을 다룬 방식을 두고 투덜거릴 기회는 허락해 준다.

이 대화편은 '소'Minor라는 제목이 말해주듯 짤막한 것으로, 스테파누스 판*은 14쪽에 불과하다. 독자 여러분이 많은 시간을 들이지 않고도 쉽게 읽을 수 있는 자료인지라, 나는 지금 이

●　　Stephanus-Ausgabe. 앙리 에스티엔Henri Estienne(라틴어 이름 Henricus Stephanus, 1528~1598)은 프랑스의 인문주의자로 르네상스 시대를 대표하는 출판업자이다. 1578년에 세 권으로 된 플라톤 전집을 펴내면서 대화록의 표준 쪽수를 매겼다.

대화편을 우리의 사유 과정을 위해 마음대로 끌어다 써도 좋다고 여겼다. 히피아스가 강조하듯, 아킬레우스는 언제나 자기 생각을 솔직히 밝히는 것에 자부심을 느낀다. 아킬레우스는 맹세의 물이 솟아나는 원천인 스틱스Styx라는 이름의 강에 몸을 담갔던 덕에 어떤 공격을 받아도 다치지 않는 강인한 몸을 자랑한다.[**] 최고의 신인 제우스는 정직한지 의심이 가는 사람에게 이 강물을 마시게 한다.

심장 안에 담아둔 것과 다른 이야기를 하는 사람을 아킬레우스는 증오한다. 자기 생각을 숨기고 잔꾀에 밝은 오디세우스가 아킬레우스의 경멸을 산 것은 당연한 일이다. 그러나 솔직하지 않은 사람을 경멸하는 것이 높게 평가받아 마땅한 근거일까? 반드시 그런 것은 아니지 않느냐고 소크라테스는 반문한다. 오디세우스는 최소한의 능력으로만 본다면 아킬레우스에 뒤질 것이 없지 않은가? 심지어 능력으로만 따진다면 오디세우스가 더 낮지 않을까? 호메로스가 멋들어지게 '폴리트로프'polytrop, 곧 다양한 모습을 가진 자라고 부르는 오디세우스는 천신만고의 여행길에서 살아남기 위해 다양한 모습으로 나타날 수밖에 없었다. 이런 노력은 어느 모로 보나 늘 한 가지 모습으로만 나타나는 것, 곧 진실한 모습만 고집하는 것보다 더 어렵다. 거짓말을 하는 사람은 아프거나, 진실을 말할 줄 몰라 그러는 게 아니다. 또 진지하지 못하다거나 영리함이 부족해 거

[**] 아킬레우스의 유일한 약점은 발뒤꿈치이다. 강물에 완전히 빠지지 않게 어머니가 발뒤꿈치를 잡았기 때문이다.

짓말을 하는 것도 아니다. 반대로 거짓말하는 사람은 자기가 무슨 말을 하는지 정확히 안다. 다시 말해 거짓말하는 사람은 "유능하고 똑똑하며 세상사에 밝고 현명하다." "속이는 법에 능통한 현자"가 거짓말하는 사람이다. 의도적으로 진실을 말하지 않는 사람은 분명 두 가지를 할 줄 안다고 소크라테스는 넌지시 웃으며 결론을 내린다. 그런 사람은 진실을 말할 줄 알면서도, 진실을 가린다. 그래서 거짓말을 할 줄 모르는 사람은 다양한 모습을 보일 줄 아는 사람과 달리 선택할 게 없다는 점에서 능력이 떨어진다. 결국 인간의 몸도 다르지 않다고 소크라테스는 말한다. 몸으로 무슨 동작이든 할 줄 알면서도 의식적으로 어떤 동작을 삼가는 사람은 애초부터 해당 동작을 할 수 없는 사람에 비해 더 뛰어난 능력을 가진 것으로 봐야 하지 않는가?

　"자네는 어떤 눈을 가지고 싶은가?" 소크라테스는 교활한 논증의 법칙을 구사하며 히피아스를 공격한다. "그래 자네라면 어느 쪽에 만족하겠나? 두 눈으로 흐릿하게 의도적으로 곁눈질하는 쪽인가, 아니면 의도하지 않고도 그렇게 보는 눈인가?" 이로써 소크라테스는 2000년도 넘는 시점에서 히피아스에게 그랬듯 우리를 난처함에 빠뜨린다. 이 대화편은 철학 전공을 하며 흔히 읽는 유명한 대화편과 다르게 해결할 수 없는 난제를 말하는 아포리아로 끝나지 않고, 아주 분명한 결론을 내린다. 그러나 이로써 빚어진 혼란은 이루 말할 수 없을 정도다. 소크라테스와 히피아스는 둘 다 지극히 못마땅해하면서도 '폴리트로프' 오디세우스와 같은 거짓말쟁이는 더 유능할 뿐만 아니라, 심지어 더 훌륭한 사람이라는 결론을 내린다. 두 사람 모두 이런 결론은 아름다운 것이 전혀 아니며, 그런 행동은 결코 해서는 안 된다고 의견이 일치했음에도 이 같은 결론은 피할 수 없다고 입을 모았다. 물론 히피아스는 이런 생각이 더 못마땅했다. 결론대로라면 자신의 강연이 헛소리를 한 게 되고 말기 때문이다. 또 소크라테스 자신은 순진한 진실 탐구자의 역할을 자처하고 아주 겸손하게 더 유능한 사람, 곧 히피아스를 거짓말쟁이로 몰아 질문을 던지는 모양새를 연출했다. 이 대화편은 분명 플라톤의 아카데미를 홍보하는 글 가운데 재치가 가장 뛰어난 것이다. 오늘날이라면 이 대화편은 "어떻게 하면 사기꾼의 가면을 벗길까?"라는 제목을 붙여 팔 수 있을 것이다. 내가 독자 여러분에게 이 짤막한 대화편을 직접 읽어보라고 추천하는 이유를 알겠는가?

플라톤의 소크라테스가 이 대화편에서 폭로하고 있는 것은 기회가 있을 때마다 거짓말을 할 뿐만 아니라, 능숙한 거짓말 솜씨로 자기가 우월하다고 느끼는 엘리트의 자만심이다. 거짓말쟁이가 진실을 자유롭게 가지고 노는 반면, 다른 사람들은 진실, 무엇보다도 관습에 속절없이 따르기만 해야 한다는 생각은 오늘날까지도 엘리트를 자처하는 초인에게 날개를 달아주었다. 그 밖에도 이런 생각은 거짓말은 오로지 약자와 억압받는 자, 곧 노예, 종 그리고 물론 여인의 무기일 뿐이라는 훨씬 더 호감이 가는 발상을 무척 어려운 지경에 빠뜨렸다. (걱정할 필요는 없다. 여인의 위대한 거짓말, 약하다고 전혀 볼 수 없는 여인의 거짓말은 나중에 다룰 것이다.) 거짓말이 불평등의 결과로 나타나는 것이라면, 이런 거짓말을 극복하는 것은 쉬운 일이다. 그러나 선민의식을 자랑하는 엘리트의 저 오만한 고공 환각에 이성적으로 맞서려면 어떻게 해야 좋을까? 분명 지금 우리가 도덕이나 아름다움을 두고 생각하는 게 아니라, 거짓말, 이 경우에는 거짓말쟁이에게 무엇을 배워야 하는지 성찰하기 위한다는 점을 잊어서는 안 될 것이다.

창조성과 거짓말의 차이

거짓말이 우리가 진실로 여기는 것을 말하는 경우보다 훨씬 더 복잡하다는 사실은 예로부터 거짓말을 창의성과 천재성의 표현, 아마도 심지어 본질적인 특징으로 여기도록 유혹해왔다. 물론 이런 관점은 결정적인 점을 간과한다. 거짓말하는 사람은 진실을 가지고 놀 뿐만 아니라, 이런 자유로운 놀이로 취할 수 있는 것이 무엇인지 호시탐탐 노린다. 돌아보는 눈길에 기꺼이 놀이를 즐기는 모습을 보여주기 원한다 할지라도, 거짓말하는 사람은 무엇보다도 자신의 특별한 자유 놀이의 속내를 간파당할까 걱정한다. 사람들이 작품이 뛰어나다며 이 대가를 칭찬하기 무섭게 작품은 걸작의 경지에 올라서지 못하고 무너져버릴 수 있다. 멋들어지게 지어낸 이야기가 결국 거짓말로 판명되는 순간, 작품 안에 담긴 의도와 시도뿐만 아니라, 속임수의 제물로 삼으려 했던 사람이 이러저러한 행동을 하리라는 계산까지 물거품이 되고 말기 때문이다. 자신이 계산한 대로 사람들을 움직이게 만들려면 거짓말을 잘한다는 자부심은 섣부른 계산을 하게 할 위험이 크다는 것을 알아야

거짓말은 권력이다 ─ 거짓말쟁이

한다. 이런 자부심은 진실을 알아내려는 열정만큼이나 거짓말에 위험하다. 거짓말하는 사람은 아름다운 이야기가 아니라 무엇보다도 '팩트'를 만들어내기 원한다. 오디세우스와 같은 문학의 인물이 지녀야 하는 특성, 정확히 독창성과 흥미로움은 거짓말하는 사람에게 의도의 실현을 가로막는 장애물이나 다름없다. 재미있다는 점은 "당연히 거짓말이 아니야" 하는 장담만큼이나 두드러져 보이는 특성이기 때문이다.

"진실로 내가 너희에게 이르노니……" 또는 "나를 믿으라!"라는 문장은 전혀 의미가 없을 뿐만 아니라, 정확히 거짓말쟁이가 어떤 경우에든 해서는 안 되는 말이다. 자기가 연출한 것이 진실한지 의심할 여지를 스스로 인정하는 말은 바보도 하지 않는다. 지금껏 전혀 들어보지 못한 솔직한 진실을 손 안에 쥐고 있다는 진심 어린 장담으로 책을 시작하는 사람은 곧장 의심부터 산다. 그는 솔직함이 수많은 가능성 가운데 하나일 뿐이라는 점을 스스로 주목하게 만들기 때문이다. 작가는 그 어떤 것도 지어내지 않고 간단하게 이야기를 시작하거나, 엄청난 장치를 지어내어 독자의 관심을 단숨에 사로잡거나 두 가지 방법 가운데 선택할 수 있다. 어느 쪽이든 글을 쓰는 데에는 특별한 자극이 되기 때문이다. 그러나 거짓말쟁이는 이런 선택을 할 수 없다. 거짓말하는 사람은 어떤 매체로 자신의 세계 그림을 그리든, 허위나 왜곡 또는 진실의 도움을 받든, 심지어 선서, 서약, 약속과 같은 진실 장담의 확실한 형식을 빌리든, 상대방이 관점을 바꾸는 일만큼은 절대 막아야 한다. 혹시 지금 말해져야 하는 것과 전혀 다른 말을 하는 게 아닐까 의심하게 만드는 관점의 전환은 거짓말이 간파당하는 첫 걸음이기 때문이다. 거짓말 하는 사람은 결국 슬그머니 다가와 말한다. "그래, 알아, 자네 가 이 문제를 어떻게 생각하는지. 그렇지만 전혀 다르게 생각할 수도 있지 않을까? 관점을 바꾸어보는 것은 재미있으니까 자네 도 한번 시도해봐." 거짓말한 것을 들켜 갖은 구실을 들먹여가 며 변명을 하는 사람은 모든 관점이 저마다 나름의 정당성이 있 다는 생각을 하게 마련이다. 거짓말에 집중하는 사람은 튀어 보 이거나 다양한 모습을 보여주어서는 안 되며, 되도록 한결같은 모습으로 지루해 보여야, 사소할지라도 중요한 변화를 주목받 지 않을 수 있다. 그는 반대되는 두 방향을 동시에 바라보는 야 누스의 머리를 가져서도 안 된다.

어쨌거나 거짓말에 성공하려면 두 방향을 바라보지 않고, 목표에 시선을 확실히 맞추어 다른 사람이 엉뚱한 곳을 보게 만 들어야 한다. 진실을 전략적으로 다룬다는 것은 자신이 참으로 여기는 것에 충실해야 할 뿐만 아니라, 되도록 세상과 밀접한 관계를 유지하며 또 되도록 많은 것을 참으로 여기는 사람과도 가깝게 지낼 것을 요구한다. 정확히 이런 정황을 두고 하인리히 블뤼허*는 타의 추종을 불허하는 명언을 남겼다. 곧 진실이라는 심연은 거짓말쟁이만 허공에 뜨게 만든다고! 진실이라는 심연 에는 오로지 속는 자만이 추락해야 한다. 자신이 믿지 않는 것

● Heinrich Blücher(1899~1970). 독일 태생으로 미국에서 활동한 철학자. 공산 주의에 심취했으나 스탈린에 혐오를 느껴 저항운동을 조직했던 인물로, 독일 제국 군의 정보를 소련 정보부에 넘겨주다가 발각되어 미국으로 망명했다. 뉴욕에서 철 학교수를 역임했다.

을 남에게 믿게 하려는 사람만큼 겉으로 일관되게 참과 거짓의 구분을 고집하며 무고한 사람을 거짓말쟁이로 몰면서 분노의 삿대질을 즐기는 경우는 따로 찾아보기 힘들다.

거짓말은 세계를
새롭게 지어내지 못한다

거짓말쟁이가 작가처럼 자유를 즐기거나, 심지어 용기를 보여줄 수도 있다는 생각은 멋들어진 문학적 착각, 그러나 부정할 수 없는 착각이다. 거짓말은 허위를 중개해준다는 사실 하나만으로 창의적인 활동일 수 없다. 거짓말하는 것이 자유가 없이는 생각할 수 없는 행동이라고 해서 창작 활동이라는 말은 성립할 수 없다. 하물며 거짓말이 문학이나 예술의 필수 조건이라는 말은 터무니없는 궤변이다.

자기 심장이 무엇을 위해 뛰는지 정확히 아는 사람, 자기 재능을 현실에 충실하려는 쪽으로 활용할 줄 아는 사람은 창작 활동을 통해, 있는 그대로의 현실에 별 관심을 가지지 않던 다른 사람들의 마음도 사로잡는다. 작가는 자기 작품에 유용하게 보이는 것을 자유롭게 지어낸다 할지라도 어디까지나 진실에 충실한 자세를 잃지 않는다. 그러나 거짓말쟁이는 자신이 무슨 일을 꾸미는지 알아차리는 사람이 없도록 진실에 되도록 조금 허위를 섞을 뿐이다. 이런 차이를 사람들은 쉽사리 간과한다. 그러나 거짓을 말할 뿐만 아니라, 이런 거짓말로 세상을 현혹하려는 거짓말쟁이는 자신도 모르는 사이에 정확한 지식과 진실의 구속을 받을 수밖에 없다. 결국 창의성을 발휘할 여지는 대단히 제한적이다. 거짓말은 세계를 새롭게 지어내지 못한다. 그저 거짓말하는 사람은 우리가 방향을 잃고 다른 길을 가게끔 가짜 이정표만 세워둘 뿐이다. 작가적 자유라는 그럴싸한 표현으로 거짓말하는 사람은 자신이 원하는 것을 이루려 현실의 행동 공간을 꾸며내려 하지만, 본질과 어긋난 자유는 오히려 구속을 뜻할 뿐이다.

거짓말쟁이는 거짓을 말하는 능력을 실제로 이용하는 인간이다. 거짓말하는 능력만 가지고 따진다면 아킬레우스는 우리 모두와 마찬가지로 오디세우스와 별로 다를 바 없다. 우리 모두는 한 번쯤 거짓말해본 경험이 있다. 단 한 번도 거짓말하지 않은 사람은 없다. 그렇다고 우리 모두가 거짓말쟁이는 아니다. 능력을 실제로 이용했다는 점에서 우리가 유념해야 하는 것은 어떻게 그리고 무슨 매체로 가능성이 현실로 나타났는지, 곧 능력에서 실제 행동이 빚어졌는지 하는 문제다. 사실 우리는 누구나 거의 같은 인식 능력을 가진다. 다만 그때그때 다른 목적으로 인식 능력의 부분들을 달리 조합해 쓸 따름이다. 따라서 '내가 하는 말이니까 믿어' 하는 식으로 나를 강조하는 것은 거짓말에 거의 보탬이 되지 않는다. 거짓말에는 오로지 상상력과 일관된 생각과 행동이 필요할 뿐이다. 속이려는 목적에 어떤 언어와 그림 그리고 또 다른 매체가 적당한지 신중하게 고르고 일관되게 써먹어야 거짓말은 통하기 때문이다. 그러나 거짓말로 가짜 상황을 꾸며내고자 하는 사람은 진정 시작할 수 있는 게 별로 없음을 깨닫게 마련이다. 거짓말 놀이를 공개적으로 꾸민다

면 모를까, 현실의 진실은 복잡하게 얽힌 탓에 가짜로 꾸미기에
녹록지 않기 때문이다. 섣불리 거짓 상황을 꾸미려 시도했다가
망신만 당하는 경우를 보라. 노렸던 성공은커녕 평판마저 산산
조각 날 위험이 크기만 하다.

거짓말하기라는 인간적 능력

거짓말쟁이가 즐기는 자화상, 곧
자신을 공공연히 예술가로 치장하는 일은 두 번째 오해, 곧 거
짓말하는 자신을 그가 사용하는 매체와 혼동하는 오해 탓에 생
겨난다. 마술사, 배우, 심지어 낭만주의자와 직업 강사, 또 학자
와 기자 역시 시류가 그때그때 선호하는 바에 따라 직업적인 거
짓말쟁이라는 비난을 듣곤 한다.

이런 비난이 일어나는 이유는 간단하다. 각 분야의 소통 방
식은 거짓말하려는 사람이 방법만 발견하면 얼마든지 거짓말
에 이용할 수 있기 때문이다. 게다가 어떤 매체를 특별히 다루
거나, 소통의 방법을 이용하는 전문 직업은 거짓말쟁이가 가장
써먹기 좋은 위장을 제공해준다. 물론 거짓말하려는 의도로 자
신을 전문 분야 종사자로 위장하는 것이지만, 소통 방식과 매체
를 철저히 연구하고 이용한다는 점은 전문 직업과 거짓말쟁이
의 공통점이다. 그 좋은 예는 확신에 찬 나치 선동가로 그들은
자유 사회를 끝장내기 위해 하필이면 언론의 자유라는 새로운
위장 복장을 입고 매체를 적극 활용했다. 금지되어 있지 않다는
이유로 이처럼 다른 분야의 수단과 방법을 마음대로 끌어다 쓰

는 거짓 선동가가 노리는 것은 자신을 해당 분야의 전문가로 오인하는 대중의 착각이다. 이런 위장으로 대중이 반겨주면 거짓말은 그만큼 더 쉬워진다. 마술사와 사기꾼 사이가 하늘과 땅처럼 벌어져 있다 해도, 또 각주를 풍부하게 달았다고 해서 반드시 연구업적으로 반영되는 것은 아닐지라도, 대중이 품는 적개감만 교묘히 이용하면 거짓말쟁이는 얼마든지 혁명적인 비판가를 연기할 수 있다. 박사학위 논문을 미꾸라지처럼 표절하는 사람은 무엇보다도 시스템이 망가졌다는 것을 보여주는 게 아닐까? 도대체 학위라는 것이 시대와 맞는 것이기는 해? 이런 물음들은 우리 모두가 거짓말할 줄 아는 능력을 가졌다는 분명한 통찰을 피하려 도덕이라는 관점을 잘못 끌어다댄 오류이다. 바꿔 말하면, 우리는 거짓말할 의지만 가지면 거짓말하기라는 인간적 능력으로 거짓말쟁이가 되기에 충분하다는 점을 아주 정확히 안다.

인간은 자신이 가진 능력으로 고도의 숙련된 경지를 얼마든지 개척할 수 있다. 거짓말도 마찬가지다. 어린아이는 먼저 연습을 해야 한다. 거짓말은 서로 다른 능력들을 섬세하게 짜 맞추는 기술을 요구하기 때문이다. 그러나 스스로 어떤 능력을 가지는지 경험한다고 해서 인간이 반드시 더 나은 인품을 가지게 되는 것은 아니다. 플라톤의 소크라테스가 히피아스에게 은근슬쩍 비난한 것을 보라. 자신이 어떤 능력을 가지는지 아는 경험은 인간으로 하여금 이 능력을 더 잘 활용할 수 있게 만들어 줄 뿐이다. 인간이 자기 가능성을 키우는 솜씨는 이처럼 인간됨보다는 능력의 문제일 따름이다. 혹자는 인간이 태어날 때부터 올바로 볼 줄 아는 안목을 가지는지, 아니면 비딱하게 보는 쪽을 더 선호하는지 하는 물음으로 거짓말하는 능력을 비교하려 한다. 그러나 이런 비교는 적절하지 않다. 오히려 우리는 왜 많은 사람들이 삐딱하게 보려고 그처럼 수고를 기울이는지 그 이유를 물어야 한다.

다른 능력과 마찬가지로 우리는 거짓말 역시 훈련하거나 특정 목적을 위해 활용할 수 있다. 거짓말 그 자체가 목적인 사람을 우리는 상습적인 거짓말쟁이라 부른다. 상습적인 거짓말쟁이의 드높은 악명은 우리 자신에게 주는 주의이자 다른 사람들에게 보내는 경고를 함께 담는다. 그러나 거짓말을 밥 먹듯이 하는 삶을 선택한 사람의 경우 이런 선택으로 거짓말 솜씨가 숙련된 경지에 올라 오히려 자기가 판 함정에 빠지고 만다는 점이야말로 우리가 눈여겨보아야 하는 특별한 정황이다. 전적으로 거짓말쟁이로 살기 원하며 자기 정체성을 거짓말하기에서 찾으려는 사람, 즉 자기 참모습을 숨기는 일에 진력하는 사람은 갈수록 자아를 잃어버린다. 이런 자아 상실을 정신병리학은 '공상 허언 증상'이라 부른다. 이런 증상의 심각성은 자아 상실로만 그치지 않는다는 점이다. 상습적이고 악명 높은 거짓말쟁이와 특정 목적으로 거짓말하는 사람을 구별해주는 점은 자의적인 거짓말 횟수가 늘어날수록 완전한 거짓이 생겨날 확률이 높아진다는 사실이다. 우리가 지금 더 정확히 탐구해보고자 하는 것은 이 거짓이다. 거짓말할 줄 아는 능력과 거짓말쟁이가 거짓이 생겨나는 필수 조건이기는 할지라도, 거짓은 거짓말하기 능력이나 거짓말쟁이와 같은 것은 아니다.

거짓

"거짓을 말하는 것과 거짓말 사이에는 차이가
있다."

— 푸블리우스 니기디우스 피굴루스(로마의
학자이자 정치가), 『단편』(기원전 1세기)

성찰 대상으로서의 거짓말

거짓은 생각으로 경험하는 것만
뜻하지 않는다. 오히려 거짓이 세상에 떠돈다고 하는 말은 일단
세간에 떠돌기 시작한 거짓은 거짓말하는 사람을 더는 필요로
하지 않는다는 우리의 현실 경험을 근거로 삼는 정당한 주장이
다. 우리는 거의 누구나 거짓을 다른 사람에게 전달해준다. 거
짓이 거짓임을 알고 전달하기도 하지만, 모르고 전달하는 경우
도 많다. 심지어 거짓으로 드러났음에도 그것이 없어지지 않는
다는 점을 알고 의도적으로 계속 전달하는 사람도 있다. 거짓
을 세상에 퍼뜨린 거짓말쟁이조차 거짓을 마음먹은 대로 써먹
을 수 없다. 일단 자신이 그 단초를 제공하기는 했지만, 세상으
로 퍼져나간 거짓은 그만의 것이 아니기 때문이다. 거짓말에 성

거짓말은 권력이다 — 거짓

공한 뒤에 그것을 바로잡으려 시도하는 사람, 곧 자신이 거짓말을 했음을 실토함으로써 거짓을 없던 것으로 되돌리려는 사람은 이런 시도가 간단하지 않음을, 심지어 전혀 불가능함을 뼈아프게 곱씹는다. 거짓은 일종의 생명체와 같다. 아니, 거짓은 거짓말하는 사람을 생존하게 해준다고도 사람들은 말하고 싶을 것이다. 우리는 심지어 몇백 년 동안 문화의 변화 속에서 살아남은 거짓말을 안다. 진실을 전술적으로 다루려 시작했던 거짓은 세계 안의 것으로 자리를 잡아 현실이 된다. 우리는 이런 거짓을 두고도 진실을 말할 수 있다. 우리는 이 거짓이 이러저러하다고 알기 때문이다. 그러나 어째서 이런 일이 가능한지 묘사하는 일은 전혀 간단치 않다.

　서구 사상의 전통은 거짓을 사악함과 마찬가지로 오로지 존재의 결함으로 여겨왔다. 곧 거짓과 사악함은 있어야 마땅한 것 그러나 우리가 게을리한 탓에 있지 않은 것의 빈자리를 나타내는 이름이다. 사악함은 오직 좋음의 결여이며, 거짓은 오로지 진실의 결여다. 스콜라 철학이 플라톤과 아리스토텔레스를 원용해 '초월자'*라고 명확히 정리한 것은 오늘날에도 여전히 우리의 생각에 영향을 미치며, 알베르투스 마그누스**나 토마스 아퀴나스를 읽지 않은 사람도 당연한 것으로 여긴다.

●　스콜라 철학의 '초월자' Transzendentalien(라틴어 transcendentalia)는 모든 존재자의 보편적 특성을 말하는 개념이다. 보편성으로 특수성을 넘어선다는 점에서 초월이라는 표현이 붙었다. 그러나 초월자는 세상을 초월한 곳에 있는 것이 아니라, 모든 존재자 안에 포함되어 있다고 스콜라 철학은 정리했다. 철학사적으로 '초월자'는 플라톤과 아리스토텔레스의 관점을 종합한 것이다.

옴네 엔스 에스트 우눔 Omne ens est unum.
— 존재하는 모든 것은 하나다.

옴네 엔스 에스트 보눔 Omne ens est bonum.
— 존재하는 모든 것은 선하다.

옴네 엔스 에스트 베룸 Omne ens est verum.
— 존재하는 모든 것은 참이다.

800년 전에 사람들은 초월자가 하나라는 동일성과 선함과 참 이외에 더 많은 것인지, 곧 아마도 본질res 또는 아름다움 pulchrum, 심지어 경우에 따라서는 다름aliquid도 초월자에 속하는 것인지 하는 물음을 놓고 합의를 보지 못했다. 그러나 유일신 신앙 체계 안에서 초월자를 이처럼 다양하게 다루는 이론은 들어설 자리를 얻지 못했다. 장기적인 관점에서 언제나 진실과 선함(좋은 것)이 끝내 이겨내리라는 우리의 희망은 거짓도 악함도 존재하지 않는다는 이런 스콜라 철학의 견해와 깊은 관련이 있다. 심지어 이런 사고방식은 자연과학에도 그대로 녹아들었다. 예를 들어 진화생물학 역시 모든 생명체는 하나의 기원에서 생겨났다고 확신할 뿐만 아니라, 항상 '가장 좋은 것'the fittest만 살아남는다고 하지 않는가. 언제나 거듭 영지주의 또는

●● Albertus Magnus(1193~1280). 독일 태생의 신학자이자 철학자로, 토마스 아퀴나스(1224~1274)의 스승이었다.

이마누엘 칸트와 같은 철학자들이 다원론적으로 세계를 보아야 한다는 주장, 이를테면 이원론이나 심지어 두 가지보다 훨씬 더 많은 가치들로 생각해야 한다고 제기한 주장을 우리는 오늘날까지도 쉽게 받아들이지 못한다. 그러나 많은 경우 우리가 진실과 선함이라는 희망사항 이상의 것을 오래전부터 생각해오고 있다는 점은 언어가 고스란히 폭로한다. 이를테면 오늘날 가짜 뉴스가 떠도는 것을 보며 우리는 인터넷에 '바이러스'가 퍼졌다거나, '내레이터'가 아예 사실을 지어낸다고 말하지 않는가. 스콜라 철학의 주장처럼 진실과 선함만이 우리가 생각해야 하는 대상은 아니다. 현실에서 우리가 마주하는 모든 것은 대상이 되어야 마땅하다. 그리고 현실은 진실과 거의 다르지 않다. 다만 차이점이 있다면, 진실은 우리의 지식 수준이나 우리의 의견 따위에 흔들리지 않는다는 것일 뿐이다. 우리가 이미 오래전부터 알듯, 거짓말은 우리의 성찰이 임의적으로 택하는 주제일 뿐만 아니라, 하나의 대상이다.

마치 진실한 것처럼

왜 거짓말이 현실의 거짓으로 자리 잡는지 그 조건을 묻는 사람은 정확히 이런 일이 일어나지 않는 지점, 곧 악의가 없는 무해한 거짓말에서부터 시작해보는 것이 가장 좋다. 이런 무해한 거짓말의 사례는 누구나 안다. 마침 가족과 친지끼리 조촐하게 즐기기로 한 생일파티에 누군가 손님을 한 명 동반하고 나타났다. 서글서글한 인상에 호감을 주는 손님은 저녁 늦은 시간까지 쉴 새 없이 자신이 지난번 다녀온 휴가여행 이야기를 쏟아낸다. 맨손으로 곰을 때려잡았다느니, 도버 해협을 한 팔로 헤엄쳐 건너는 도중에 물에 빠진 아이를 상어로부터 구했다고 허풍을 떨어대는 손님은 이처럼 능력이 뛰어난 사원이 열흘 동안이나 휴가를 갔는데 무능한 사장은 어떻게 회사를 지켜냈는지 모르겠다고 너스레를 떤다.

우리의 허풍선이 손님은 거짓말을 했는가?

— 그거야 물론이다.

이런 거짓말로 누군가 피해를 보았는가?

— 아니, 전혀 그렇지 않다.

우리 가운데 거짓말쟁이가 앉아 자신의 상상력을 총동원해가며 허풍을 떨고 있지만, 그렇다고 이런 과장된 이야기로 거짓이 생겨나지는 않는다. 오히려 가족은 거의 모두 암묵적 동의 아래 이 허풍선이가 떠벌리는 것을 지켜보며 즐거운 저녁 시간을 보낸다. 가족은 으레 그렇듯 이 기이한 허풍선이를 데리고 온 친척이 얼마나 더 오래 너스레를 떠는 모습을 참고 지켜보는지 흥미를 가질 따름이다.

성공적인 거짓말로 실제 거짓을 만들어내려는 사람이 엄격히 주의해야 하는 개념은 진실성이다. 진실성을 나타내는 영어 단어 'truthfulness'는 채워짐 정도를 주목한다는 점에서 문제의 핵심이 무엇인지 보다 더 확연히 보여준다. 거짓말로 상대방에게 잘못된 결론을 유도하고자 하는 사람은 사실과 다른 것을 되도록 사실로 온전하게 포장해야 한다. 그래야 누구도 거짓말하는 사람의 속내를 간파하지 못한다. 이처럼 거짓말은 충분한 진실을 담아내야 상대방의 신뢰를 얻어낸다. 상대는 결코 간단하게 속으려 하지 않는다는 점을 거짓말하는 사람은 명심해야 한다. 거짓말은 예외적인 상황에서만 통한다. 거짓말을 하면서 물꼬를 트기 위해 메시지 안에 담는 허위도 마찬가지다. 진실성이라는 개념은 우리가 일상생활에서 거의 고려하지 않는 것이다. 일상생활에서는 상대방이 나를 믿는지 걱정할 일은 거의 없기 때문이다. 나는 평소 신뢰하던 제과점에 들어서며 뤼베크 특산의 호두 케이크 두 개를 구입하려 할 때 진실성을 따로 따지지 않는다. 정반대로 제과점의 여직원에게 농담한다는 인상을 주지 않고 케이크가 진품이냐고 묻는 태도는 더없이 낯설게 여겨질 것이다.

의식적으로 거짓말에 되도록 진실과 맞는 많은 것을 포함시키려는 거짓말하는 사람은 자신의 시도가 결코 간단하지 않다는 것을 안다. 자기가 하는 말이 맞지 않다는 것을 누구보다도 스스로 가장 잘 알기 때문이다. 앞뒤가 맞지 않는 불일치만큼 인간의 신경을 곤두서게 만드는 일도 없다. 결국 불일치는 의심과 함께 불신을 산다. 그러나 우리의 세계 경험은 불일치로 넘쳐난다. 또 바로 그래서 우리는 앞뒤가 맞지 않는 문장이나 행동을 싫어한다. 처음부터 농담이거나 예술적 묘사라고 아는 경우야 물론 다르겠지만. 우리가 자기 의사를 명확히 표현하지 못하거나 엉뚱한 메시지를 보내는 일은 당연히 끊임없이 벌어진다. 그러나 거짓말을 하는 사람은 상대방의 질문에 불안한 모습을 보여서는 안 된다. 진실성이 결여되어 있음에도 메시지를 믿는 사람은 어린아이이거나 사랑에 빠진 얼간이일 뿐이다. 정보에 접근하는 일이 그 어느 때보다도 빠르고 간편한 시대에서 거짓말하는 사람은 훨씬 더 까다로운 조건을 만족시켜야 한다. 정보의 부족으로 실패하지 않으려면, 다시 말해 인터넷에 접속할 수 있는 사람이 훨씬 더 빨리 알 수 있는 경우를 대비하려면 거짓말은 어떻게 하든 진실에 가깝게 꾸며져야 한다.

반드시 진실에 방향을 맞추어야 하기에 특히 영웅적 행동과 같은 자극적이고 선동적 이야기는 거짓말의 소재로 알맞지 않다. 청중으로서 우리는 오래전부터 그런 종류의 이야기를 오락으로 분류하거나, 영웅의 주체할 수 없는 행동 욕구를 그가 마침내 사라지기 전에 앞뜰 청소나 하도록 이용하는 데 익숙해져 있다. 독특하고 자극적인 것의 본질은 우리의 주의를 쉽게 사로잡는다는 점이다. 그래서 습관적인 것보다 우리의 감각sense을 더욱 자극하는 것을 두고 우리는 '센세이션'sensation이라 부른다. 그러나 주의를 끌었다고 해서 상대가 확신하는 것도 아니다. 어떤 정보를 화제로 삼거나 일간지에서 보고 호기심을 느낀다고 해서 이 정보를 반드시 진지하게 받아들이는 것은 아니라는 점은 그러기를 기대했던 사람이라면 누구나 아는 이야기다.

신뢰의 붕괴

물론 모든 거짓말쟁이가 신뢰 확보를 노린다고 보는 것은 성급하며 또 무엇보다도 위험한 관점이다. 반대로 금방 폭로가 나서 그에 상응하는 분노를 일으키려는 목적으로만 거짓말을 하는 사람도 얼마든지 원하는 효과를 거둘 수 있다. 그 가장 잘 알려진 사례는 진실을 전술적으로만 다루지 않는 경우가 제공한다. 이때 전술로 다루어지는 진실은 하필이면 허위일 수도 있다. 최근 어처구니없이 조합된 개념 '대안적 사실'alternative facts은 미국 법조계에서 생겨난 것으로, 전형적인 변론뿐만 아니라 재판의 공정성, 곧 법정에서 다투는 사건을 해명함에 있어 생각할 수 있는 모든 가능성을 고려해야 한다는 요구를 의미한다.

주지하듯 인간은 원인과 결과라는 인과관계를 다루며 얼마든지 오류를 저지를 수 있다. 우리는 최종 결과가 어떤 것일지에 비추어 생각하는 경향 탓에, 모든 기억을 이 예상 결과에 맞추어 정리하곤 한다. 이런 목적론적 사고방식은 오류에 빠질 확률이 대단히 높다. 의미를 찾는 것에 과도한 비중을 두어 결정적인 것이라 할지라도 해석에 방해가 된다는 이유로 사실을 무시하는 탓에 이런 오류가 발생한다. 법정에서 등장하는 대안적 사실은 증인의 증언을 듣고 그 진술을 다시금 검증하기 위해 전문 감정인이 요구되는 경우, 혹시 사건이 다른 해석의 가능성을 남겨놓는 것은 아닌지 모든 생각을 열어두는 것만 뜻하지 않는다. 무엇보다 대안적 사실은 변론이 다각도에서 이뤄질 수 있도록 대안을 찾아봄을 의미한다.

미국에서 가장 유명한 형법 전문 변호사 가운데 한 명인 리처드 헤인스*는 거의 40년 전에 대안적 사실의 탁월한 실례를

---

* Richard Haynes(1927~2017). 미국 텍사스 주에서 활동한 변호사. 1970~80년대에 좀체 해결되지 않던 살인사건 재판들에서 승리하면서 법조계의 스타가 되었다.

찾아냈다. 헤인스는 자신이 키우는 개에게 물렸다는 주장을 하며 누군가 자신을 고소한다면 다음과 같이 응대하겠다고 말했다. 1) 내 개는 물지 않는다. 2) 개는 분명히 목줄을 했다. 3) 도대체 누군가 물렸다는 주장이 의심스럽다. 그리고 넷째로 그는 빙긋 웃으며 자신은 개가 없다고 덧붙였다. 영화로 찍어도 손색이 없을 정도로 뻔뻔하게 들리는 이런 변론은 서로 모순되기는 하지만 동일한 결과를 낳을 수 있는 매우 다양한 상황이 실제로 존재한다는 경험에 기초한 것이다. 사실이 불투명할 때 재판에서 대안적 사실을 고려해야 한다는 요구는 이미 방증과 심증이 있다 하더라도 모든 대안을 함께 생각하면서 의심스러운 경우 피고인에게 유리하게 판결을 내리도록 모든 관련 당사자가 의무를 가진다는 이른바 '인 두비오 프로 레오'in dubio pro reo(의심스러울 때는 피고인에게 유리하게)로 법 규정을 확장시켰다. 이런 법 규정의 배후에 무슨 가능성 이론이나, 허구와 진실을 계획적으로 뒤섞어도 좋다는 면죄부, 또는 심지어 증거를 무시하고 마음대로 진실을 지어내도 좋다는, 곧 그냥 거짓말을 해도 된다는 허가가 숨어 있는 것은 아니다. 오히려 어느 일방의 주장이 훨씬 더 간편하며, 더 잘 우리의 선입견과 맞는다 할지라도, 되도록 최대한 진실에 접근해야 한다는 요구의 표현이 '인 두비오 프로 레오'이다.

대안적 사실의 탐색을 거짓말의 정당화와 혼동하게 유도하는 것은 거짓말을 아무 관련이 없는 법 체계처럼 보이게 만드는 덕에 거짓말하는 사람의 입장에서는 나름대로 소기의 성과를 거둘 수 있는 방법이다. 확실한 증거가 없이는 거짓말이라는 혐

거짓말은 권력이다 — 거짓

의를 배제해야 한다는 논리는 마치 휴머니즘에 따른 법 체계의 발전처럼 보이기 때문이다. 어떤 것을 뿌리부터 뒤흔들며 낯설기 그지없고 위험하게 보이도록 하여 조롱하고자 하는 사람은 그것을 가져다 스스로 오용한다. 이런 꼼수는 거짓말이 대단히 성공적으로 통하는 묘수다. 하지만 이런 묘수도 거짓말이 나름대로 투명성을 확보할 때, 다시 말해 진실을 최대한 충실히 담아내며 신뢰를 사려 노력할 때에만 통한다. 거짓말한 것이 들통이 나서 변명으로 해당 사회가 자부심을 가지는 것을 들먹이는 사람은 이 사회의 순진함을 마음껏 조롱한다. 이런 사람은 사회에 대해 공공의 적임에도 마치 자신이 사회가 존중하는 가치를 지키는 수호신인 척한다. 스팸메일로 서버를 마비시킨다거나 비방과 중상을 일삼으면서도 표현의 자유를 들먹이며 자유 사회의 약점을 악용하는 것이야말로 이런 꼼수의 전형이다.

　　세상이 워낙 추악한 탓에 안타깝지만 자신이 더는 착한 사람일 수 없다고 호들갑을 떨면서 거짓말을 합리화하려는 사람 역시 같은 효과를 노린다. 이런 사람은 자신의 거짓말이 우연하게 실패했다고 안타까워하는 게 아니다. 그는 애초부터 실패할 줄 알면서도 떠들썩한 소동을 일으키고 싶었던 것일 뿐이다. "봐, 어디를 어떻게 건드리면 되는지 아는 나 같은 사람에게 너희는 너무 약해." 이런 이야기가 우습게 들릴지 모르겠으나, 그 충격적인 효과는 절대 무시할 수 없는 수준이다. 이를테면 이런 거짓말 소동 탓에 우리는 그동안 우리를 보호해준다며 당연하게 여겨왔던 제도를 돌연 의심하기 시작한다. 의도적인 것이 분명한 거짓말은 신뢰를 무너뜨리기 때문이다. 거짓말한 사람의 신뢰가 무너진다는 말이 아니다. 사람들은 정직함 자체가 무슨 의미가 있는지 회의에 빠진다. 거짓말은 우리의 판단력을 공격해 협력을 어렵게 만드는 것이다. 방향을 잡아나갈 판단력이 흐려지면 협력은 이뤄지기 힘들다. 결국 신뢰 자체가 성립하지 않는다고 믿게 만드는 것보다 더 거짓말다운 거짓말은 없다. 바로 그래서 얼핏 보기에 그다지 성공적이지 못하다고 거짓말한 사람을 두고 성급하게 비웃는 태도는 대단히 경솔하다.

진심 그리고 기대

반대로 능숙한 거짓말을 구사하는 사람은 목표가 소동이 아니라 거짓 그 자체이기 때문에 은밀하게 '팩트'만 만들어낸다. 그는 혼란이나 충격을 주려는 게 아니라, 발각되지 않고 상황을 조종하기 원한다. 달리 말해 달인 수준의 거짓말쟁이는 자신이 전달하고자 하는 바를 상대가 정확하게 이해할 수 있게 메시지를 꾸민다. 그 밖에도 메시지가 이해되는 방식을 통제함으로써 가짜 메시지도 얼마든지 통할 수 있게 만든다. 메시지가 주는 효과에는 언제나 전달하는 인간의 외모도 한몫하기 때문에 다른 사람을 매혹할 줄 아는 사람이 거짓말도 그럴싸하게 성공한다는 생각은 떨치기 힘든 설득력을 자랑해왔다. 상대방에게 좋은 인상을 받았다고 여길수록 그만큼 더 상대의 메시지를 진지하게 받아들인다는 관찰은 정확하다. 하지만 그렇다고 해서 이 의견이 반드시 긍정적이라는 결론은 나오지 않는다. '저를 어떻게 생각하세요?' 하는 물음의 답

거짓말은 권력이다 — 거짓

이 상대를 성공적으로 속이는 관건인지 하는 여부는 답의 내용이 아니라, 답이 얼마나 명확한지 하는 점이 결정한다. 상대가 자기 의견에 확신을 가지는 한, 그가 나를 솔직하다고 보는지 아니면 거짓말한다고 여기는지 하는 문제는 중요하지 않다. 상대의 태도를 계산할 수 있기 위해 우리가 필요로 하는 것은 되도록 명확한 가치관이다. 반대로 외모는 계산에서 고려되어야 할 대상이 아니며, 오로지 계산의 변수로 작용할 뿐이다.

아돌프 아이히만이 독일 역사를 두고 경악을 금치 못할 거짓말을 할 수 있었던 것은 그가 정확히 진심, 곧 그동안 자신이 진실로 여겨온 것만 말했기 때문이다. 다시 말해 그는 사람들이 자신이 어떤 말을 하든 거짓이라고 여길 것으로 확신했다. 나치즘은 처음부터 그 극단적 의도를 솔직하게 공개적으로 드러냄으로써 이런 솔직함을 대중이 진지하게 받아들이지 않을 것으로 계산했다. 이런 방법을 간파한 사람들이 가장 먼저 독일 땅에서 탈출해야 했던 것은 우연이 아니다. 히틀러가 '아리안 우월주의'를 내세우며 위협한 것이 거짓말이 아닌 진심이라는 점을 최소한 짐작이라도 한 사람은 나치즘이 지극히 현실적인 위험임을 깨달았다.

많은 지성인들은 이런 거짓, 특히 이런 식으로 진심을 담은 거짓말을 평생 고민해야 할 주제로 받아들였다. 프랑스로 피신한 한나 아렌트는 알렉상드르 쿠아레의 파리 헤겔 강연에서 그를 다시 만나 아돌프 히틀러의 말을 허투루 들어서는 안 되며, 무엇보다도 함께 읽고 고민하며 그 숨은 뜻을 헤아려야 함을 곧장 깨달았다. 러시아 출신의 유대인 쿠아레는 젊은 한나 아렌트

보다 열네 살 연상으로 1908년부터 괴팅겐에서 철학뿐만 아니라 수학, 곧 부정의 수인 음수(-1, -2, -3,……)로 계산하는 것을 일상으로 여기는 학문도 연구했다. 에드문트 후설의 강의를 들었던 쿠아레와, 후설의 제자 마르틴 하이데거에게 철학을 배우기 시작했던 한나 아렌트는 평생 절친한 관계를 유지했다. 나치 정권 초창기의 그 숱한 거짓말이 무슨 숨은 뜻을 품었는지 알기 원하는 사람은 최소한 두 사상가를 읽어야 한다. 거짓말을 다룬 쿠아레의 논문은 1943년 프랑스에서 『거짓말에 관한 성찰』이라는 제목으로, 1945년 미국에서 약간 손질한 개정판 『현대 거짓말의 정치적 기능』The Political Function of the Modern Lie으로 각각 출간되었다. 쿠아레가 보기에 전체주의 정부 치하의 모든 국가가 의도적으로 진실과 거짓을 뒤섞어대는 토대 위에서 작동한다는 점은 의문의 여지가 없는 사실이다. 바로 그래서만 히틀러는 실제로 처음부터 자기 계획을 노골적으로 떠벌릴 수 있었다고 쿠아레는 지적한다. "히틀러(다른 전체주의 국가의 우두머리와 마찬가지로)는 자기의 실행 계획을 공공연히 선포한 것이 맞다. 그러나 그는 정확히 '다른 사람들'이 자기 말을 믿지 않을 것이라는 점, 자신의 선포를 평범한 국민은 진지하게 받아들이지 않으리라는 점을 알았기 때문에 그렇게 했다. 히틀러는 자기 진심을 말해주는 것이 적들을 속이고 잠재울 수 있다고 확신했다."

너는 다쳐본 적이 없지 않느냐며 많은 유대인들이 한나 아렌트의 초기 경고를 단순한 경종으로 치부했다. 그녀는 1951년 위대한 책 『전체주의의 기원』에서 다음과 같은 설명으로 친구 쿠아레에게 화답했다. 왜 히틀러의 독일인들은 지도자를 자처하는 히틀러의 말을 곧이곧대로 듣는 데 아무 문제가 없었을까 하는 물음의 답은 이렇다. "주어진 세계라는 기존 질서를 바라보는 대중의 적극적인 적대감은 독일인들로 하여금 불가능한 것을 가능하게 해주며, 믿을 수 없는 것을 실현해준다는 말을 믿을 각오를 다지게 만들었다. 세상에서 일어나는 모든 일을 단 하나의 관점으로 설명할 수 있다는 히틀러의 말은 이렇게 통했다."

한쪽에서는 말을 곧이곧대로 받아들이고, 다른 쪽에서는 말을 잘못 이해한다고 의식적으로 이야기할 수 있는 것은 똑같은 말의 양쪽 수신인이 서로 전혀 다른 그러나 마찬가지로 명확한 기대, 곧 이런 말을 하는 사람에게 품는 기대를 가졌기 때문에 가능하다. 이런 기대는 무엇보다도 거짓말로 속이면서 우리의 생각에 영향을 주고자 하는 사람이 허위에만, 우리의 호감에만 의존할 수 없다는 증명이다.

권력은 동의를 필요로 한다

거짓말에 희생당했다는 사실을 깨닫고 난 뒤 우리는 환상적인 최면술과 진정한 마법의 힘에 사로잡혔다는 생각에서 위안을 찾는다. 이 마법사는 우리를 완전히 장악하고 통제하는 통에 누구도 빠져나갈 수 없다고 자위하는 것이 이런 태도다. 그러나 물론 우리는 그런 마법사는 동화에나 있다는 짐작에 꺼림칙한 기분을 떨치지 못한다. 거짓말은 분명 마법의 묘약과는 다르기 때문이다. 절대 권력을 자랑하는 지배자라 할지라도 자신이 하는 거짓말의 성공을 강제할 수는 없다. 우리가 독재자를 두려워한다는 사실이 곧 그의 말을 자동적으로 쉽사리 믿는다는 것을 뜻하지는 않는다. 오히려 두려울수록 우리는 믿지 않는다. 법 위의 존재로 군림하는 자를 보며 우리는 그가 진실도 자의적으로 다루리라 예상하고, 거짓말을 충성심 테스트로 짐작한다. 그래서 자기 목숨을 소중히 여기는 사람은 동의, 곧 자신 역시 거짓말로 화답한다. 바꿔 말해 거짓말은 폭력이 아니다.

위조, 가령 그림이나 금괴의 위조와 다르게 거짓말은 우리의 감각을 직접 자극하는 현실의 시뮬레이션이 아니다. 거짓말은 만져볼 수 없으며, 다락방에 올려두고 잊어버리거나 땅을 깊게 파고 묻어둘 수 없다. 거짓말의 작용 원인은 거짓말쟁이, 곧 인간이며, 거짓말을 이루는 재료는 오로지 소통이기 때문에 거짓말은 상호관계에 의존한다. 거짓말은 현실로 자리 잡기에는 대단히 유동적일 뿐만 아니라, 무엇보다도 말을 하거나 그림을 그리거나 글을 쓰는 사람 이상의 것을 필요로 한다. 바로 그래서 법학자 발터 구스타프 베커*는 1948년 거짓말을 두고 '출판의 시뮬레이션'이라 불렀다. 가구점에서 책장에 꽂힌 책 모형을 본 사람은 현실 및 출판의 시뮬레이션의 차이를 정확히 안다. 책 모형은 책처럼 보이기는 하지만, 출판된 책과는 본질적

• Walter Gustav Becker(1905~1985). 폴란드 태생으로 독일에서 활동한 법학자. 마인츠 대학교의 법학과 교수를 지냈다.

인 차이가 있다. 우리가 전자책을 보고, 모형과 달리 겉장도 제본도 종이도 가지지 않지만 책의 위조가 아니라 책이라고 부르는 이유도 마찬가지다. 책이 실제 무엇인가 하는 점은 책을 쓴 사람뿐만 아니라, 무엇보다도 책을 읽는 독자가 함께 결정한다. 저자와 독자 사이의 소통, 곧 상호관계를 지어낸다는 점에서 거짓말은 '출판의 시뮬레이션'이다. 이로써 우리는 아마도 가장 중요한 구분에 이르렀다. 한나 아렌트 덕분에 우리가 알게 된 이 구분은 곧 권력과 폭력의 이원론이다.

한나 아렌트는 이 어렵게 꼬인 개념의 실타래를 그녀가 마지막으로 출간한 텍스트 『폭력에 대하여』On Violence(1970)에서 풀어낸다. 독일어판 제목은 보다 더 친절하게 『권력과 폭력에 관하여』Über Macht und Gewalt이다. 일각의 짐작으로는 아렌트가 친구인 메리 매카시**가 흔히 인용되는 마오쩌둥의 말 "권력은 총구에서 나온다"를 두고 뭔가 맞지 않다고 쓴 문장을 보고 그러한 제목을 붙였다고 한다. 메리 매카시는 정확히 이렇게 썼다. "누군가 총구를 너에게 겨누고 친구를 죽여라, 그러지 않으면 내가 너를 죽이겠다고 한다면, 그 사람은 너를 시험에 빠뜨리는 것이다. 그게 다다."

물을 것도 없이 총알은 발사된 총의 총구에서 나오며, 이 총알은 사람을 죽일 수 있다. 이런 생각만으로도 대다수 사람들은 두려워한다. 그러나 두려움이 곧 죽음은 아니다. 나를 겨누

** Mary McCarthy(1912~1989). 미국의 소설가이자 평론가로, 아렌트와 오랜 우정을 나누며 편지를 주고받았다.

고 발사된 총과 나를 겨누고 발사될 수 있을 총은 분명 다르다. 정확히 이런 차이를 우리는 언어로 그려내야 한다. 또는 다르게 말하자면 이런 차이를 단어로 숨겨서는 안 된다. 통상적인 개념이 사안의 본질을 파악하기에 충분하지 않으며 오히려 맥락을 가려버리는 특히 인상적인 사례를 한나 아렌트는 1968년 학생운동이 한창일 때 대학생들이 강의를 방해한 것을 두고 자기 동료 교수들이 묘사한 것에서 찾아냈다. 본래 대다수 대학생들은 지극히 평화적이었으며 시위에 동의하지 않았다고 하면서도 몇몇 대학생이 고함과 호루라기로 강의를 방해하는 폭력적인 행동은 누구도 말리지 않았다고 교수들이 말하는 것을 귀에 못이 박히게 들었다고 아렌트는 썼다. 아렌트의 메모에는 숨길 수 없이 재미있어하는 기색이 묻어난다.

"독일 대학교에는 얼마 안 가 심지어 단 한 명의 '시위꾼'이 몇백 명의 대학생들을 압도하는 기묘한 승리를 예약할 모양이다. 현실에서 이런 경우의 문제는 훨씬 더 심각하다. 다수는 그 정당한 권력을 이용해 훼방꾼을 제압하기를 간단하게 거부했다. 학문의 전당인 대학교의 운영은 무너졌다. 누구도 현재 상태를 두고 손가락질하는 것 이상의 행동을 할 각오를 보이지 않았기 때문이다." 그러나 이런 분위기는 자기 권력을 포기하는 것만 의미하지 않는다.

"이는 곧 대학교가 사람들이 일반적으로 믿는 것보다 훨씬 더 많은 대학생들의 반감을 사고 있으며, 무장 투쟁을 주장하는 소수파가 여론 조사로 확인한 것보다 훨씬 더 큰 잠재적 권력을 가진다는 점을 의미한다. 대학생과 교수 사이에 벌어지는 시끄러운 설전을 즐기는 표정으로 바라보기만 하는 침묵하는 다수는 실제로 소수파의 은밀한 동맹이다. 만약 히틀러 이전의 독일에서 한 명 또는 서너 명의 유대인 대학생들이 무장하지 않고 반유대인주의를 공공연히 떠벌리는 교수의 강의를 방해했다면 무슨 일이 벌어졌을까 상상해보자. '한 줌의 극단' 운운하는 비난이 쏟아졌을 게 분명하다. 그러나 이런 비난이 얼마나 불합리한지도 역시 분명하다."

폭력과 권력의 문제
또는 독백과 대화의 차이

나는 이제 독자 여러분에게 살짝 귀띔해주지 않을 수 없다. 여러분이 읽는 이 책은 대단히 위험한 내용을 담았다. 특히 철학 책은 그저 겸손하게 학문의 결실만 제공해주는 대신 독자 여러분을 묻지도 않고 대화로 끌어들이는 잠재적 위험 요소를 지니기 때문이다. 하지만 그렇다고 해서 내가 여러분을 좌지우지할 권력을 가진 것은 아니다. 권력은 선포한다고 해서 가질 수 있는 것이 아니기 때문이다. 아렌트의 글을 읽어보자.

"권력은 개인이 가지는 것이 절대 아니다. 권력은 집단을 형성할 때, 그리고 이 집단이 결속하는 한에서만 실재한다. 우리가 어떤 사람을 두고 '권력을 가졌다'고 말하는 것은 실제로 그가 특정한 수의 사람들로부터 그들의 이름으로 행동할 권한을 부여받았음을 뜻한다." 더 정확히 말하면 이렇다. "권력은 행동하는, 또는 어떤 것을 하는 것뿐만 아니라, 다른 사람들과 결속해 이들의 동의를 얻어 행동하는 인간의 능력이다."

총구에서 뿜어져 나오는 것은 폭력이다. 폭력이 두려운 나머지 사람들이 자기 태도를 바꾸기로 수용하고 이런 뜻을 무기 소유자에게 전달할 때 비로소 무기의 소유는 권력을 의미하게 된다. 그러나 인간이 무기로 권력을 손에 쥐는 것은 아니다. 인간은 우리가 무기를 보며 권력을 인정해줄 때 비로소 권력을 얻는다. 폭력은 항상 수단을 필요로 하지만, 권력은 이 수단을 사람들이 위협으로 간주하게끔 만들어야 하며, 이러저러한 이유로 이런 수단이 반드시 필요하다는 주장을 설득력 있게 펼치기도 해야 한다. 이런 사정은 다르게 표현될 수도 있다. 폭력은 독백인 반면, 권력은 대화다. 바로 그래서 폭력과 권력은 서로 맞물리지 않으며, 대립 쌍을 이룬다. 폭력은 파괴하기 위해 세계에 간섭하는 것이다. 권력은 생각, 특히 상상 능력의 문제다. 다시 말해 권력은 생각하는 사람이 만들어내야 하는 결과물이다. 물론 무기는 내 목숨을 빼앗아야만 나의 생각하는 능력을 탈취할 수 있다. 그러나 무기는 어떤 생각을 인정하도록 나를 강제하지 못한다. 더욱이 무기는 나로 하여금 다르게 생각하도록 만들 수 없다. 한나 아렌트는 이런 표현을 썼다. "폭력은 권력을 파괴할 수 있다. [그러나] 폭력은 권력을 전혀 만들어낼 수 없다."

우리가 누군가를 속이고 싶어 주의 깊게 거짓말을 계획한다 할지라도, 거짓은 거짓말하는 사람 혼자의 힘만으로 생겨나지 않는다. 우리가 기꺼이 거짓말을 하기 원했으며, 또 다른 사람의 생각을 겨눈 것이 거짓말이기는 하지만, 거짓말을 이루는 핵심은 허구, 곧 실체가 없는 것이기 때문에 거짓말은 강제력을 가지지 않는다. 거짓말은 이해하지 못함을 노리면서도 겉으로는 이해를 구하는 모양새를 꾸미는 탓에, 상대방이 거짓말을 듣거나 보거나 또는 생각하거나 아예 따라할 뿐만 아니라 거짓말의 내용을 자기 생각으로 받아들여야, 거짓말은 현실로 나타날 수 있다. 또는 거짓말은 일종의 상품이며, 이 상품을 구입할 때에 비로소 그 의도를 실현한다고도 우리는 말할 수 있다. 거짓말은 세계의 해석이 아니며, 의견이나 개인적 관점도 아니다. 거짓말은 오로지 권력관계 안에서만 현실로 나타난다. 곧 거짓말의 수신자가 거짓말하는 사람과 함께 행동하면서, 알면서든 모르면서든, 거짓말로 세상을 지어낼 때에 현실은 거짓말로 물들여진다.

거짓말은 폭력이 아니라 권력이다. 자유가 있는 최소한 두 명 이상의 인간, 서로 협력하지 않을 수 있으면서도 자유가 있는 인간이 함께 이뤄내는 작업이 거짓말이다. 거짓말은 오로지 대화를 통해서 생겨난다. 거짓말하는 사람은 상대방에게 일종의 상품을 제시하며 구매해달라고 호소한다. 물론 이 상품에는 거짓말하는 사람이 전략적으로 얻어내고자 미리 구상해둔 이득이 함께 계산되어 있다. 그러나 제안만으로 거짓말은 성립하지 않는다. 이 제안을 받아들임으로써 허구가 현실이 될 때 비로소 거짓말은 성립한다. 거짓말하는 사람과 이를 귀담아듣는 청중이 함께 벌이는 이 기묘한 게임으로 비로소 거짓말은 사건, 곧 세계 안의 문제로 자리 잡는다. 일단 두각을 나타낸 거짓말은 계속 행동할 것을 요구하며, 경우에 따라서는 거짓말한 사람과 무관하게도 지속하며 존재할 수 있다. 사정은 아주 간단하다. 인간이 서로 진실을 기대하는 일이 절대 없으며 의심스러운 경우 누가 거짓말을 했는지 알아낼 수 있다고 자신한다면, 세상에 거짓말은 존재할 수 없을 것이다.

속는 자

"무엇을 진실로 여김은 객관적 근거에 기초하는
우리의 지성이 맡는 사건이지만, 또한 판단을 내
리는 사람의 정서라는 주관적 원인도 요구한다."

— 이마누엘 칸트(독일 철학자),
「의견, 앎 그리고 믿음」(1781)

거짓말이 성립하기 위한 조건

거짓말이 오로지 대화를 통해서
현실로 나타난다는 생각은 우리에게 낯설기만 하다. 속는 것
만으로 충분하지 않을까? 거짓말에 희생된 사람이 이제 자신
이 희생자가 된 책임도 져야 마땅할까? 용서를 구해야 할 사람
은 거짓말쟁이, 곧 범인이 아닐까? 이런 물음이 절박하게 들린
다 할지라도 지금 우리가 이 물음을 다룰 때는 아니다. 우리 연
구의 관심은 오로지 인식론적인 것이기 때문이다. 책임과 잘못
은 도덕적 관심의 논구에서 다룰 것이지, 거짓말이 무엇인지 하
는 물음의 답을 찾는 일과는 상관이 없다. 거짓말의 모든 필수
조건을 알아내고자 하는 사람은 그 가운데 하나라도 무시해서
는 안 된다. 거짓말하는 인간의 능력과 이 능력을 실제 실행에

옮기고자 하는 사람이 거짓말의 두 필수 조건인 것은 당연하다. 그러나 이 두 원인만으로는 모든 필수 조건이 밝혀졌다고 할 수 없다. 초콜릿 케이크와 초콜릿을 예로 들어보자. 물론 초콜릿은 케이크의 필수 조건이다. 오븐과 같은 열처리 기구도 마찬가지다. 그러나 초콜릿과 오븐만 가지고 케이크는 만들어지지 않는다(자신은 케이크 따위는 만들지 않는다며 이 예가 적당하지 않다고 여기는 사람은 복잡한 사안을 풀어주는 데 더 이해하기 어려운 예가 필수 조건 또는 충분조건인지, 그도 아니면 아무런 조건이 아닌지 자문하면 된다).

거짓말은 가령 살인과 성격이 다르다. 인간이 무조건 다른 사람을 죽이고 싶다는 충동을 느낀다면, 우리는 엉뚱한 시간에 잘못된 장소를 찾았다가도 희생자가 되기에 충분하다. 그러나 거짓말하는 능력과, 거짓말을 계획한 사람만으로는 거짓말도 속는 자도 생겨나지 않는다.

진실에 관심을 가질 때

거짓말하는 사람이 마음대로 할 수 없는 것은 거짓말하는 사람의 말을 과연 진실일까 하는 관심을 가지고 들어줄지 말지 하는 우리의 결정으로 이미 시작된다. 다시 말해 우리가 진실의 약속에 관심을 가질지 하는 문제는 거짓말하는 사람이 손을 댈 수 없다. 진실에 관심을 가지지 않는 경우가 이례적인 것은 아니다. 심지어 전혀 관심을 가지지 않는 사람도 흔히 찾아볼 수 있다. 이런 현상은 우리가 좀체 예상하지 못해 간과하기 일쑤다. 인간이 진실에 이처럼 상이한 태도를 보이는 것이야말로 설명이 필요한 문제가 아닐 수 없다.

진실 탐색을 주된 직업으로 삼거나 철학 책을 읽는 독자는 진실에 무관심한 태도를 이해하기 힘들어한다. 왜 어떤 사람은 진실을 가지고 노는 게임에 혼란을 느끼거나 심지어 당혹감을 느끼는 반면, 다른 사람은 전혀 그렇지 않은지 하는 문제는 정말이지 반드시 해명되어야만 할 것이다. 예를 들어 현실과는 전혀 다른 규칙의 지배를 받는 연극을 관람하거나 소설을 읽고 속았다고 느끼지 않으면서, 주제가 무엇인지 이해하고 즐거움도 느끼는 일은 대체 어떻게 가능할까? 이 물음은 열띤 토론의 대상이다. 왜 우리는 해리 포터나 뱀파이어 또는 미스터 스폭Spock의 마법 세계를 잠깐만 둘러보아도 친숙하다고 여길까? 이탈리아의 철학자 움베르토 에코는 19세기 영국의 시인 새뮤얼 테일러 콜리지가 그 답을 주었다고 여긴다. 아마도 인간은 어떤 특정한 순간에 의식적으로 불신하는 태도를 지워버리는 능력을 가진 게 아닐까? 콜리지가 말하는 '불신의 자발적 유예'는 정말 항상 우리를 따라다니는 의심이라는 심각함으로부터 잠시 벗어나 허구를 일종의 휴가로 즐길 수 있게 해줄까?

이런 설명은 매혹적으로 들리기는 하지만, 어딘지 모르게 솔직하지 못한 구석, 더 친절하게 말하자면, 정신노동자가 보이는 자기도취, 일종의 타성에 젖은 태도를 드러낸다. 실제로 인간이 진실에 가지는 관심은 놀라울 정도로 제한적이다. 진실 탐구의 소명을 자랑하는 정신노동자 역시 마찬가지다. 우리는 일상생활에서 진실에 거의 관심을 가지지 않는다. 독자 여러분은 하루에 어떤 것이 참인지 거짓인지 얼마나 자주 물어보는가? 우리는 대개 전혀 다른 관심을 가지고 사람들이 하는 이야기를 듣는다. 이웃끼리 의례적으로 나누는 대화, 복도에서 나누는 대화와 같은 잡담은 으레 "별일없이 잘 지내지?" 하는 확인 정도에 그친다. 요즘 형편, 아내, 아이들, 개가 어떻게 지내는지 하는 물음을 진실을 알고 싶다는 각오로 던지는 경우는 거의 없다. 이런 물음의 대답은 인생을 가까운 가족하고만 사는 게 아닌 사람이라면 누구나 아는 정도에서 의례적일 뿐이다. 우리는 순전한 호기심이나 참을 수 없는 지루함으로 인터넷을 검색하거나 소설책을 집어 든다. 이때 인터넷에 올라온 글이나 소설에서 뭐가 지어낸 것이고 무엇은 진실인지 관심을 가지는 사람이 있을까? 문학평론가나 특종에 뛰어난 후각을 가진 기자가 아니라 할지라도, 우리는 책을 읽으며 누가 이 책을 썼는지 알지 못하면서도 나름대로 소기의 성과를 얻을 수 있다.

연극을 보며 우리는 무대 위의 남자가 자신을 햄릿이라 부르기는 하는데, 어느 모로 보나 햄릿이 아니라면서 입장료를 돌려달라고 요구하지는 않는다. 또 평소에 상대방이 혹시 연기를 하는 것은 아닌지, 왜 하필 저런 모습을 보여주는지 묻는 일도 드물다. 심지어 진실에 충실한 관심을 가지는 경우에서조차, 예를 들어 신문을 읽거나 9시 뉴스를 시청할 때에조차 온전한 진실에 결코 관심을 가지지 않는다. 아침 일찍 딱히 할 일이 없어 신문이나 뒤적인 일이 당신은 전혀 없는가? 또는 전 세계의 뉴스를 읽다가 어차피 나하고는 멀리 떨어진 일이라며 신문을 던져버리지 않았는가? 오랜 기차 여행 끝에 또는 힘든 하루를 보내고 호텔 바에 앉아 한잔 하며 피로를 달래고자 하는 사람은 옆에서 쉽게 간파할 수 있는 허튼소리로 방송 프로그램보다 더 즐겁게 해주는 허풍선이에게 감사를 느끼게 마련이다. 이 허풍선이가 떠드는 말이 진실인지 거짓말인지 무슨 상관이랴. 진실과 거짓의 차이는 우리 인간이 착함, 진실함 그리고 아름다움에 열정적으로 매달리는 것 이상으로 실용적인 진실 개념을 가진 탓에 어차피 크게 신경 쓰지 않아도 된다.

인간은 자기 행동에 밑받침이 되어주는 것이라면 참으로 여긴다. 또 바로 그래서 우리는 진실을 마음에 드는지 여부와 상관없이 자기 행동을 정당화하려 끌어다대기도 한다. 행동하고자 하는 사람, 곧 어떤 행동을 선택하되 다른 대안은 고려하지 않기로 결정해야 하는 사람은 진실을 아는 지식이 유용하다고 여긴다. 또 물론 이 지식은 행동 조건에 어떤 것이 있는지 아는 것이기도 하다. 성인은 시간과 인내심을 가지고 아주 많은 지식을 쌓을 수 있다. 그러나 또 우리는 다른 사람들과 교환하면 지식을 기하급수적으로 늘릴 수 있음도 안다. 다른 사람이 우리에게 제공해주는 지식을 실제 참으로 여길 것인가 하는 물음은 이 지식을 행동에 고려해야 하는지, 곧 우리 행동에 유용한 것인지 여부에 따라 결정된다. 그러니까 우리가 진실에 가지는 관심은 무엇보다도 목적에 합치하는지 따지는 생각에 따라 달라진다. 바꿔 말해 우리는 유용하거나, 심지어 꼭 필요할 때에만 진실을 따진다.

속는 자

인간은 자기 행동반경 안으로 들어오는 정보들을 끊임없이 구분한다. 어떤 정보는 유용하며, 알아두면 좋기는 하지만 반드시 알아야 할 필요가 없는 정보에는 무엇이 있는지 하는 따위로 정리해두는 것이 이런 구분이다. 이런 구분을 하는 이유는 간단하다. 우선 우리는 실수, 잘못된 결론, 가짜 정보를 피해야 한다. 둘째로 진실의 물음은 생활에 그리 중요하지 않거나 최소한 절박하지 않기 때문에 따로 골라내, 되도록 안 보이는 곳에 두어야 한다. 1781년 왕립 아카데미가 상금을 내걸고 제기한 "백성에게 유익한 속임수라는 게 있을까?" 하는 물음에 루돌프 차하리아스 베커*는 속임수로 빚어지는 착각에서도 중요한 차이를 주목해야 한다고 답했다.

그는 이론적 착각과 실용적 착각을 구별한다. 우리가 전혀 손댈 수 없는 곳, 우리의 행동반경을 완전히 벗어난 문제에서 생기는 착각, 가령 왜 미국 대통령이 다시금 어떤 참모를 해고했는지, 또는 베를린 동물원에 흰곰이 새끼를 낳았는지 하는 문제에서 착각을 했다면, 이런 착각은 이론적 차원이다. 그러나 우리가 직접 행동해야 하는 공간 안에서 생기는 착각, 가령 설탕을 소금으로 혼동하는 착각은 실용적이다. 우리는 틀림없이

• Rudolph Zacharias Becker(1752~1822). 계몽주의 시대의 독일 작가. 교사이며 기자이기도 했다. 농부들이 읽기 쉽게 쓴 책들로 당시로는 어마어마한 베스트셀러(50만 부 이상)를 기록했다.

거짓말은 언제나 — 속는 자

짜디짠 커피를 마셔야 하기 때문이다. 실용적 실수는 어떤 경우에도 피해야 한다. 이처럼 행동에 중요한 정보가 문제인 경우, 우리는 거짓말하는 사람의 이야기를 덜렁덜렁 들어서는 안 된다. 누군가 함부르크에 사는 나에게 멀리 떨어진 바젤의 날씨가 무척 좋다고 이야기하고 싶다면, 그는 얼마든지 그런 이야기를 나에게 떠벌려도 좋다. 그러나 마침 내가 함부르크에서 외출을 하려고 집을 나서며 날씨가 어떤지 묻는다면, 내가 확실하게 알고 싶은 것은 우산을 가져가야 하는지 여부다. 우리의 구체적인 행동반경에 해당하는 정보는 인간이 서로 교환할 수 있는 모든 정보의 극히 일부에 지나지 않는다. 이는 곧 우리의 진실에 대한 관심은 모든 소통의 지극히 작은 일부에만 제한됨을 뜻한다. 그래서 천하의 거짓말쟁이라도 우리가 그의 말에 전혀 신경 쓰지 않는다면 해를 끼칠 게 전혀 없다.

그러나 실제로 거짓말을 하는 다른 사람을 우리가 진실에 대한 관심을 가지고 만난다고 해도, 이 관심은 충분하지 않다. 다른 사람의 거짓말이 우리의 행동에 중요한 것이 되는 조건에는 반드시 우리 자신이 어떤 사람인지 하는 판단이 필요하다. 지금 상대하는 사람이 중요한 정보를 주는지 아닌지 알아내기 위해서는 우리 자신의 자기평가가 우선되어야 한다. 이렇게 평가해야 하는 것을 우리는 신뢰도라 부른다. 신뢰도(또는 계산된 불신)는 소통 자체를 놓고 판단하는 믿음과 다르다. 신뢰도는 우리에게 무엇인가 정보를 전달해주는 상대방과 우리 자신을 다루는 판단이다. 이런 판단은 실제로 구체적인 경우 속을 수 있다는 가능성의 조건이기 때문에, 거짓말하는 사람을 믿었다고 해서 우리가 마치 서가에서 실수로 엉뚱한 책을 빼어드는 것처럼 간단하게 착각에 사로잡히는 것은 아니다. 사람을 만날 때 우리는 이 상대방이 그저 세상의 일부처럼 행동하는 것이 아니라, 우리와 똑같은 자유를 누리며 자기 모습을 바꾸어가는 존재라는 것을 안다. 상대는 이렇게 모습을 바꿈으로써 우리가 어느 정도 그를 알아보는지 하는 문제에 영향을 미친다. 인간이 서로 속일 능력을 가졌다는 경험은 이 쌍방이 우리가 빠지는 착각의 대상일 뿐만 아니라, 그 원인이기도 하다는 점을 알려준다. 곧 어떤 인간에게 속는다는 것은 실수로 상대를 다른 사람과 혼동하는 것과는 본질적으로 다른 일이다.

믿음(의심을 도구로 쓸 때에는 불신)은 거짓말의 객관적 원인이다. 다시 말해 거짓말하는 사람이 자신의 소통을 꾸밀 때 통제하는 것은 믿음이다. 어떤 사람을 보고 우리가 받는 인상을 거짓말하는 사람이 이래라저래라 강제할 수는 없다. 물론 거짓말하는 사람은 이런저런 인상을 믿음이 가게끔 일깨워주려 시도할 수는 있다. 그리고 이런 인상은 가령 거짓말을 거드는 다른 사람이 있다면 더욱 높아지기도 한다. 거짓말하는 사람이 조장한 인상을 옆에서 거드는 효과가 나타나기 때문이다. 그 밖에 거짓말하는 사람은 이런 인상을 자신에게 이득이 되는 쪽으로 이용함으로써 거짓말이 성공할 조건을 계산할 수도 있다. 이렇게 멀리까지 내다보고 생각하는 것은 의심할 바 없이 대단히 영리한 일이지만, 이런 계산이 반드시 통한다는 보장은 없다. 결국 거짓말을 듣거나 보는 사람은 상대를 어떻게 평가하며, 또 자신이 듣거나 본 것을 어찌 정리할 것인지 스스로 결정할 뿐이다. 거짓말하는 상대방을 얼마나 믿을 만하다고 보는지 하는 판단 역시 거짓말의 주관적인, 그러나 필수적인 원인이다. 그리고 이런 판단의 권한은 어디까지나 거짓말의 수신자가 가진다.

세계와의 관계를 공유하는 일

거짓말하는 사람이 우리의 진실을 훔치는 도둑과 비견되는 경우는 지극히 적다. 우리는 진실을 슬그머니 훔쳐갈 수 있는 사과처럼 가지는 게 아니기 때문이다. 그럼에도 우리의 진실에 대한 관심이 비교를 허락하지 않을 정도로 큰 정보를 다루는 분야가 존재한다. 인류는 예로부터 이 분야를 위해 안전한 진실의 공간을 마련해주려 시도해왔다. 이 분야에서 만들어지고 유포되는 지식은 모든 사람의 행동에 최대로 중요한 의미를 지니기 때문이다. 이런 분야는 바로 학문이다. 전문 지식의 경우 발달은 물론이고 응용에서도 정직한 전문가를 반드시 필요로 한다. 전문가에게 자문을 구하는 사람은 어린애와 다를 바 없는 미숙함과 무지함을 지니기 때문에 전문가의 정직함은 아주 중요한 덕목이다. 의사를 찾아가는 사람은 의사가 자신이 가진 지식을 정직하게 전달할 때에 기대에 알맞은 치료와 처방을 받는다. 이 지식은 출세에 급급한 나머지 얼기설기 끌어모은 잡동사니 정보의 총합이어서는 안 된다. 치열한 연구, 곧 정직함을 선서하고 체계적으로 접근하는 연구로 얻어진 정보만이 의사의 자질을 결정한다.

사회가 포기할 수 없는 진실의 공간으로 여기는 것에는 법 체계도 속한다. 우리는 최소한 어떤 일은 처벌받지 않고 해도 되며, 무엇은 안 되는지 법 체계가 명확하게 해줄 것을 기대한다. 그 밖에도 비판적 여론이 국가기관을 바로잡아주는 역할을 하기 때문에, 문명 국가는 저널리즘 역시 진실을 지키는 의무가 본질적 의미를 지니는 영역으로 꼽는다. 이런 진실의 공간들에 거짓말을 할 수도 있는 인간이 당연히 있기에 국가기관은 무엇보다도 우리가 직접 검증하고 연구할 수 없다는 능력 부족을 어떤 사람도 오용하지 못하게 보장해주어야 한다. 그래서 법치 국가의 국민은 스스로 직접 모든 것을 검증하고 연구할 수 없는 능력 부족을 악용당하는 위험으로부터 공권력의 보호를 받는 명확한 의존관계를 지닌다. 그러나 이 경우에도 자신이 의존관계를 택할지 말지는 개인이 결정할 문제다. 자기가 직접 검증할 수 없는 것은 누구의 말일지라도 원칙적으로 믿지 않는 것은 우리 자신의 재량이다.

자신이 보기에 참이 아닌 것을 진실로 여기지 않는 것은 우리 인간의 근본적인 자유다. 거짓말의 주관적 원인, 곧 수신자가 거짓말을 믿을지 말지 결정하는 원인은 이런 근본적 자유에 바탕을 둔다. 단순히 "그래, 거짓말 해봐" 하고 허용하는 것도 자유이기는 하지만, 이런 자유는 근본적 자유에 이르지 못하는 한참 부족한 것이다.

모든 권력관계에서 의존성은 상호적이다. 이는 단적으로 함께 이루는 권력관계가 어느 일방의 선포로는 성립될 수 없음을 의미한다. 거짓말이 특히 그렇다. 인간들이 함께 참된 지식에 이르고자 하는 의도로 소통을 하는 경우에 모든 당사자를 묶어주는 것은 바로 세계와의 관계다. 두 사람이 도로변에 어떤 식물이 자라는지 알아내기 원한다면, 저마다 자유롭게 이 식물들을 살펴볼 수 있다. 함께 진실을 찾는다는 것은 제3자의 입장에서 생각한다는 것을 뜻한다. 계속해서 새롭게 참가하는 연구자마다 사유 과정을 환하게 들여다볼 수 있어야 한다. 이런 진실 탐색에서 우리를 묶어주는 것은 세계와의 관계를 공유하는 일이다. 다양한 관점을 두고 소통을 나눌 때 우리는 세계를 있는 그대로의 모습으로 볼 수 있게 방향을 잡을 수 있다.

거짓의 구속

물론 거짓말에 속는 자는 거짓말한 사람에게만 구속되지 않는다. 속는 자가 세계라고 여긴 것은 거짓말한 사람이 만들어낸 것일 뿐이기 때문이다. 오히려 거짓말의 성공과 더불어 거짓은 거짓말한 사람에게도 현실의 구속력을 발휘한다. 이로써 거짓말한 사람과 속는 자는 함께 묶인다. 거짓말은 언제나 세계를 바꾸어놓는 것이기 때문에 거짓말한 사람은 자신이 거짓말했다는 것을 털어놓지 않으려 하는 한, 자신이 만든 세계 안에서 살 수밖에 없다. 이사를 도와달라는 부담스러운 요청에 자동차를 수리 공장에 맡겼다고 주장하는 사람은 거짓말이 들통나지 않게 출퇴근을 지하철로 해야 한다. 상대방이 처음부터 믿지 않았거나, 언젠가 거짓말을 간파하는 경우는 거짓말을 주도한 사람에게 숙명이 되고 만다. 성공적으로 거짓말을 했다고 굳게 믿는 거짓말쟁이는 이 가짜 권력관계로부터 더는 빠져나올 수 없다. 이 권력관계로부터 그를 빼줄 사람은 자신까지 포함해 아무도 없다.

이마누엘 칸트는 사회의 발전을 이룩할 방법, 권력자의 의도에 저항하면서도 발전을 이룩할 방법으로 거짓말쟁이가 빠져나오지 못하는 권력관계를 이용했다. 인간이 실제보다 자신을 더 이성적으로 꾸며 보이고 싶어하는 경향을 이용하면 충분하다는 것이 칸트의 생각이다. 당연히 군주는 자신을 순수한 열정을 자랑하는 계몽주의자로 보이고 싶어한다. 권력자의 이런 신중하지 못한 거짓말을 이용하는 것보다 더 좋은 방법이 있을까? 오로지 자기 멋대로 처신하면서도 겉으로는 이성적인 계몽주의자를 자처하는 군주의 이런 거짓말을 낱낱이 까발릴까? 아니면 그의 말을 곧이곧대로 들어줄까? 칸트는 들어주는 쪽을 택한다.

검열 문제를 다룬 토론에서 솔직함의 위대한 옹호자인 칸트는 자신의 군주에게 그토록 발전을 갈망하는 깨인 군주는 백성을 위해 항상 최선을 다하고자 노력할 것이기에 검열이 없는 언론의 자유를 전혀 걱정할 게 없지 않느냐며 내심 미소를 짓는 노회함으로 다짐한다. 자신을 백성의 종이라며 신중하지 못한 거짓말을 했던 군주는 아주 난처한 지경에 빠지고 만다. 개인적으로야 백성의 종이라는 역할이 전혀 마음에 들지 않지만, 누가 자신의 말을 의심하는지 시비를 걸어보고 싶었던 군주는 아무도 그의 말을 반박하지 않고 오히려 귀담아듣는 통에 자기 거짓말에 갇혀버리고 말았기 때문이다. 거짓말하는 사람이 궁극적으로 원하는 것은 결국 그가 옳다고 하는 사람들의 인정이다.

그래 당신 말이 맞다고 인정해주자. 이제 거짓말쟁이의 허영에 모욕을 느끼며 가슴 아파할지, 아니면 경청의 힘을 고스란히 발휘해 그를 자신의 거짓으로부터 빠져나오지 못하게 하고 주제넘게 운운한 발전을 현실로 미리 정해두고 그대로 이행하라고 강제할지, 선택은 오로지 우리의 몫이다.

전술적 인용으로서의 속임수

그러나 거짓말한 사람에게 당신의 진실성을 의심하지 않는다면서, 거짓말을 했다는 고백으로 벗어날 기회조차 주지 않아 그 거짓말을 옴짝달싹하지 못하고 지키게 만드는 일만 가능한 것은 아니다. 그저 실수로 허위를 유포한 사람을 거짓말쟁이로 몰면서 사실 누구도 거짓말을 하지 않았는데 우리가 희생당했다고 주장하는 일도 심심찮게 벌어진다. 대단히 억지스럽게 꾸며낸 것처럼 들리는 이야기지만 실제로 널리 퍼진, 그러나 알아보기 쉽지 않은 실상이다.

나는 철학을 배우는 여대생이고 당신은 내 교수라고 가정해보자. 나는 연구실로 당신을 찾아가 다음 날 발표에 쓸 책을 어디서 찾을 수 있는지 묻는다. 당신은 나에게 도서관에서 찾아보라고 한다. 당신은 연구에 몰두하느라 경황이 없어서 이 희귀본을 도서관에서 이미 빌려온 것을 잊었기 때문이다. 나는 당신 책상 위에 놓인 그 책을 똑똑히 보았음에도 알았다며 공손히 물러나와 자유로운 저녁 시간을 즐긴다. 그리고 다음 날 어떻게 나에게 그런 불순한 거짓말을 했느냐며 난리를 피운다. 이처럼 의도적으로 내 발표를 망쳐버린 것은 평소 당신이 보여준 여성 차별 때문인 게 분명해 보인다면서.

정치적 대결, 심지어 학문의 토론에서조차 은밀하면서도 대단히 효과적인 전략은 거짓을 슬쩍 퍼뜨리고 스스로를 희생자로 꾸미는 것이다. 이 전략에 굳이 이름을 붙인다면 '전술적 인용으로서의 속임수'라고나 할까. 사람들의 주목을 일거에 사로잡아 일대 논란을 일으킬 수 있는 아주 자극적인 논제를 제기하는 전략가는 최악의 경우를 대비해 비상 탈출구를 만든다. 이 비상 탈출구는 똑같은 말을 하는 사람, 대개는 실수로 이런 말을 한 사람을 점찍어 두는 것이다. 비판적인 발언을 그냥 간단하게 원전을 밝히지 않고 인용부호로 묶어두는 것만으로도 대비는 충분하다. 그리고 사태가 심각해지면 자신은 희생자, 최소한 다른 사람의 실수 탓에, 또는 어떤 악의적인 가짜 정보를 순진하게 믿은 탓에 피해를 본 희생자라고 이 전략가는 주장한다. 그런 말을 한 사람은 내가 아니다. 나는 그저 인용했을 뿐이다. 이런 식으로 발언자를 직접 거명하지 않고 거짓말을 퍼뜨리는 행위는 인터넷 댓글보다 훨씬 더 오래되었다. 독일 현대사 연구자들은 가령 역사학자들의 논쟁을 지켜본 덕에 이런 전술을 익히 알고 있다.

유혹

이런 꼼수를 쓰는 거짓말쟁이를 알아보기 힘든 이유는 거짓말이라는 개념이 불완전하다는 데 있다. 거짓말이 지니는 대화의 구조를 알아보아야 우리는 전술적 인용의 속임수와 같은 경우에서 우리가 직면한 거짓말이 어떻게 생겨나는지 명확히 묘사할 수 있다. 거짓말의 현실적인 효과, 곧 세상을 바꾸는 힘은 거짓말이 발각될 경우를 대비해 어떻게 하면 거짓말한 사람을 변조할 수 있는지, 곧 필요할 때 희생양을 꾸며낼 수 있는지 하는 지식이 거짓말의 바탕에 깔려 있어 생겨난다. 그러니까 뜻밖에도 거짓말의 힘은 지식에서 나온다. 이런 식으로 현실로 자리 잡은 거짓은 우리가 짐작하는 것과는 다른 장소에서 그 힘을 발휘한다. 세상을 바꾸는 거짓말의 힘은 위조를 일삼는 거짓말쟁이와 속았다고 주장하는 사람 사이에서 작용하는 게 아니다. 그 힘은 거짓말이 어떤 이득을 가져다줄지 계산할 줄 아는 사람과, 이런 계산을 한 사람을 희생자로 볼 각오가 되어 있는 우리 사이에서 작용한다.

우리로 하여금 현실을 있는 그대로 보지 못하게 하고, 있지도 않은 것을 세계라 여기도록 만드는 사람은 실제로 우리의 조력이 없이는 생겨나지 않는다. 유혹은 폭력이 아니다. 유혹은 세계를 우리의 마음에 들게 바꿔주겠다는 제안이다. 매우 다양한 이유들로 우리는 다른 모든 사람과 공유하는 세계보다 자기 마음에 더 드는 세계를 갈망한다. 거짓말은 이런 갈망을 노린 유혹이다.

거짓말은 대화다

"열여덟 살이 된다는 것은, 인터넷에서 네 나이
를 두고 거짓말하는 것이 가능하지 않다면, 훨씬
더 멋진 일이다."

— 뉴 노스탤직 유저(인터넷 이용자),
「샤워하다 떠오른 생각」(2017)

인생의 거짓말

많은 경우 우리는 거짓말이 그저
잠깐 동안 현실이 되는 것이 아니라는, 곧 우리가 거짓말로 그
저 잠시 행동하는 게 아니라는 경험을 한다. 오히려 거짓말은
인생의 어떤 시기를 통째 물들이며, 심지어 어떤 사람에게는 마
치 거짓말이 인생 전체의 본질인 양 중요해진다. 이런 인상은
언제나 돌아보는 눈길이 얻어내는 것이기에 우리는 이런 판단
을 특히 신중하게 다루어야 한다. 이런 판단은 우리의 목적론적
사고방식 탓에 생겨나기 때문이다. 목적론적 사고방식, 모든 것
을 일관되게 끝, 곧 목표로부터 관찰하는 이 특별한 인간의 능
력은 마치 애초부터 오로지 이 목적만이 중요하다고 여긴다. 미
국의 가장 위대한 철학자 찰스 샌더스 퍼스*는 이런 사고방식이

틀렸음을 인간이 오로지 피날레에만 관심을 가져 교향곡 전체를 듣는 것은 아니라는 말로 꼬집었다. 우리 모두가 아는 인생은 이런 일관성이 없다. 우리가 특히 기꺼이 하는 어떤 것이 있다면, 그것은 곧 쓸데없는 일에 시간을 허비하는 것이다. 인간은 다양한 관심을 가지는 존재이며 또 시간 속에서 살아가는 존재이기 때문에 열심히 가던 길도 돌연 멈추고 돌아서거나, 전혀 다른 길을 찾아 기웃거린다. 단 하나의 이상이 우리의 전체 인생을 이끈다는 생각은 아름답기는 하지만 환상이다. 이런 마당에 하필이면 거짓말이 인생 전체를 주무르는 힘을 발휘할 수 있을까?

대략 100년 전부터 우리는 '인생의 거짓말'**이라는 단어를 안다. 이 단어에는 거짓말이 독립성을 얻어 거짓말쟁이의 인생을 결정적으로 쥐락펴락할 수 있다는 염려가 녹아들어 있다. 또 밀접하게 맞물린 다른 걱정은 심지어 인간이 자신이 한 거짓말을 진실로 믿을 수 있지 않을까 하는 것이다. 특히 성공적으로 거짓말을 하는 사람과 관계하는 경우 머지않아 우리를 사로잡는 물음은 이 거짓말쟁이의 설득력이 실제로 어떤 의식적인 행위, 곧 행동을 하게 만들지 않을까 하는 것이다. 예를 들어 독일

•   Charles Sanders Peirce(1839~1914). 미국의 철학자이자 기호학자로, 실용주의의 이론적 기반을 닦았다. 현대 기호학의 창시자라는 평가를 받는다.

••   '인생의 거짓말'Lebenslüge은 노르웨이의 극작가 헨리크 입센Henrik Ibsen(1828~1906)이 19세기 말에 만들어낸 표현이다. 입센은 인간이 현실을 견딜 만하게 만들기 위해 스스로 거짓말에 취해 인생을 살아간다고 지적했다. 그의 작품 『물오리』(1884)에는 이런 대사가 나온다. "보통사람에게 인생의 거짓말을 빼앗는 것은 그들의 행복을 빼앗는 거야."

인은 자신이 곧장 믿을 수 있는 것이 아니면 거짓말을 할 줄 모른다는 의견을 피력한 저자들이 많다. 그러므로 테오도어 아도르노*가 이런 관점을 처음으로 발견해냈다는 세간의 평가는 공정하지 못할 뿐만 아니라, 단적으로 틀렸다. 이런 관점은 전형적인 독일인은 우직한 탓에 차이를 세밀히 알아볼 수 없다는 그림과 지나칠 정도로 잘 맞아떨어진다. 심지어 이런 관점은 전형적인 독일인에게 모든 사상은 일종의 해머질과 같아서 지체 없이 역사를, 적어도 쇠를 내리쳐 강철로 만들듯, 담금질해왔다는 주장까지 나아간다. 바로 그래서 독일인은 영리할 뿐만 아니라 강철처럼 단단하다나. 그러나 이런 관점에 열광하는 사람들에게 그처럼 우직하고 지혜로운 독일인이 어떻게 최소한 대륙 하나를 초토화하는 일에 기쁜 마음으로 동참했는지 묻는다면, 우리는 독일인이 거짓말할 줄 모른다는 말을 믿을 수 없게 된다. 그저 건성으로 군가를 따라 부르다가 언제부터인가 자신이 직접 구호를 믿게 되어 자기도 모르는 사이에 전쟁이라는 못된 짓에 동참했다는 주장은 한마디로 '인생의 거짓말'이다.

거짓말은 그 본질이 대화이기 때문에 필연적으로, 거짓말을 하는 사람이든 이를 곧이곧대로 믿는 사람이든, 상대방을 전제로 한다면, 최소한 엄밀한 의미에서 의도적으로 속아주는 사람은 있을 수 없다는 결론이 나온다.

* Theodor Adorno(1903~1969). 독일 철학자로서, 프랑크푸르트 학파를 대표한다.

무지와 자기기만

어쩔 수 없는 무지함뿐만 아니라 스스로 선택한 무지함도 있다는 발견이야말로 철학의 출발이었다. 철학은 개인적 호기심의 만족(이런 만족을 반대할 이유는 전혀 없다!)에 그치지 않고 진상의 규명에 힘쓰며 이런 발견을 했다. 물론 최소한 인간이 누구나 접근할 수 있는 지식은 모든 개인이 기쁜 마음으로 취득하리라는 희망이 언제나 존재해왔다. 무지함, 더욱이 오해나 착각이 개인이나 공동체에 잠깐은 행복할지 모르나, 이 잠깐 행복한 순간을 넘어서까지 유익하지는 않다. 무지함이 잠깐일지라도 행복한 순간을 선물한다는 점에서 지식이라는 게 언제나 편안하거나 환영할 만하지 않다는 점도 우리는 유념해야 한다. 굳이 세계역사의 예를 들 필요도 없이 자기관찰만으로도 이런 확인은 충분하다. 인간이 변화에 예민하게 반응하는 생명체라고 해서, 배우는 모든 것을 남김없이 받아들인다는 결론은 나올 수 없다. 인간은 진실이 자신이 하는 행동의 든든한 기반이 되어줄 때에만 진실을 목놓아 외친다.

통찰과 지식 취득을 성공적으로 거부하는 것은 물론 실용적인 삭제 기능을 갖추지 않은 두뇌를 가진 존재에게는 가능한 일이 아니다. 돌연 어떤 것을 중요한 정보라고 의식하면 우리 두뇌의 생리작용은 이것을 간단하게 지워버리지 못한다. 그러나 사람들이 이해하는 거짓말은 언제나 자신이 가진 확신과 맞지 않음을 명확히 의식하면서 하는 것이다. 상대방이 스스로 알아서 속아줄 수도 있다는 매혹적인 생각은 우리가 언제나 자기 확신에 반하는 행동을 할 수는 있지만, 속았다는 것을 알면 자신이 속았음을 절대 잊어버리지는 않는다는 어려움에 부딪혀 무너진다. 생각하는 기관인 두뇌가 고장이 나지 않는 한, 다시 말해 선택적으로 잊는 게 아니라 한꺼번에 많은 것을 잊어버리지 않는 한, 상대가 거짓말을 한다는 것을 명확히 의식하면서도 속아준다는 일은 일어날 수 없다.

올바른 깨달음을 가지고도 계획적으로 잘못된, 곧 나쁜 생각을 할 수 있다는 가능성은 주지하듯 소통을 나누지 않는 인간의 폐쇄적인 자기이해 탓에 생겨난다. 우리는 문학을 통해 자신과 대화를 나눈다. 이른바 내면의 대화는 우리가 다른 사람과 대화를 나눈 체험을 선명히 의식하기에 혼자 있으면서도 상대방이 있는 것처럼 상상하기 때문에 가능하다. 독방에 격리수용하는 것은, 슈테판 츠바이크의 『체스 이야기』나 '앰네스티 인터내셔널'이 고문과 관련해 발행하는 연례보고서를 읽은 사람이라면 누구나 알듯, 확실히 정신분열을 만들어낸다. 타인을 전혀 만난 적이 없는 사람은 의사 표시라는 것이 무엇인지 거의 알지 못한다. 한때 유창하게 말을 하던 사람이 격리됨으로써 실어증에 걸린 것이랄까. 그러나 독백을 하면서 대화를 한다는 상상이 거부하기 힘든 것이라 할지라도 독백은 여전히 대화가 아니다.

흔히 말하기를 자기기만과 무엇보다도 인생 거짓말은 우리가 사는 사회가 강제를 수반하기 때문에 비로소 생겨난다고 한다. 서로 함께 어울려 살아야 하는 존재인 우리 인간이 이 공동체를 지키기 위해 필요한 강제는 우리의 두 번째 자아처럼 작용한다.

19세기 작가 헨리크 입센은 인생 거짓말을 강조하면서 도덕적 측면을 의도적으로 지적해 이 강제의 특성을 정확히 짚어냈다. 그러나 실제로 거짓이 사회의 강제라는 생각은 훨씬 더 오래된 것이다. 언제나 종교로부터 해방을 주장한 몇몇 정신이 무지함과 착각은 세상을 살아가는 데 오히려 이득으로 작용할 수 있다는 성찰을 수행한 것은 우연한 일이 아니다. 모든 사람이 종교의 강제를 당연히 여기는 탓에 해방의 정신은 자신이 위험한 상태에 내몰릴 수 있음을 두려워했다. 종교적 착각이 다른 사람들에게 유용할 수 있음을 언급한 자유정신은 항상 다른 사람들을 그 착각 속에 그냥 내버려두자고, 아니 심지어 오히려 그 착각을 더욱 키워주자고 이야기했다. 요컨대, 자신은 다행히도 극복한 거짓 속에 사람들을 그대로 살게 내버려두자는 권고가 이런 이야기가 담은 본심이다. 권력자에게 백성을 속이라는 권고는 예로부터 자유정신이 자신을 지키려는 방어 수단이었다. 심지어 인간에게 명시적으로 인생을 거짓이라는 바탕 위에 세우라고 요구한 사상가도 있다. 어떤 것이 존재하지 않음을 분명히 알면서도 존재하는 것처럼 믿고 행동하라는 게 이런 요구다.

아마도 그 가장 유명한 사례는 이른바 '파스칼의 내기'일 것이다. 블레즈 파스칼은 신이 존재하는지 확신이 서지 않는다면 그냥 간단하게 이 문제를 일종의 내기 놀이로 바라보자고 제안했다. 신이 존재하고 내가 신을 믿는다면, 그럼 모든 것이 좋다. 그러나 신이 존재하는데 내가 믿지 않는다면, 나는 손해 볼 각오를 해야 한다. 반대로 신이 존재하지 않는데 그럼에도 내가 신을 믿는다면, 이런 믿음은 쓸모가 없지만 무해한 것이다. 그러므로 가장 영리한 선택은 신을 믿기로 결심해 어떤 경우에도 손해를 보지 않는 것이다. 블레즈 파스칼처럼 깨인 정신에게 신앙은 영리한 처세를 위해 선택한 인생 거짓말인 셈이다. 이와 마찬가지로 장 자크 루소는 공동체 생활을 위한 토대로 계획적인 자기만 못지않은 것을 요구했다. 무신론은 인생을 살며 더 높은 권능에 기대지 않고도 얼마든지 방향을 잡아나갈 수 있다는 위험한 확신을 수반하는 탓에, 루소는 종교의 의무를 사회의 협상할 수 없는 근본 토대로 보았다. 국민 종교는 정치적으로 대단히 유용하며 무엇보다도 선서와 군대의 복종과 같은 종류의 안전장치이기 때문에 국가의 모든 국민은 종교의 필요성을 인정해야 한다. 다시 말해, 신을 믿든 말든 종교를 떠받드는 태도는 꼭 필요하다. 물론 블레즈 파스칼도 장 자크 루소도 인생의 근본 토대를 거짓으로 보자고 명시적으로 주장하지는 않았다. 그러나 분명 많은 다른 사람들이 공유하는 확신을 자신도 가져야 행동할 수 있음을 납득할 수 없다 할지라도, 인간이 생각의 일관성을 유지할 수 있으려면 거짓일지라도 자신을 다독이며 확신을 가지라고 설득할 수 있어야 한다고 두 사상가는 보았다.

이마누엘 칸트는 '내면의 거짓말'을 언급하며 도덕철학의 전통이라는 단어를 쓴다. 칸트가 이 단어로 꼬집는 것은, 인간이 성년으로 자기 인생을 책임져야 하는 의무를 이미 오래전부터 알면서도 자기 지성을 일관되게 사용하지 않으며, 인생을 살면서 자기가 어떤 일을 우선시해야 하는지 그 우선순위를 명확히 밝히지 않아도 될 편리함이다. 도덕관념은 이 편리함의 다른 이름이다. 자신이 알고 있는 것을 한사코 알지 못하는 것처럼 꾸미며, 실제로 매우 다양한 기술을 구사해가며 자신이 알고 있는 진실의 충격적인 경고를 도외시하고 자기 확신과 다른 영리한 행동을 택하는 것은 자기기만과는 본질적으로 다른 어떤 것, 곧 고의적인 거짓말이다.

고의적인 맹목성은 부정의 시도다. 인간이 성공적으로 거짓말을 한다는 것, 다시 말해 자신이 참으로 여기는 것을 전술적으로 이용해 이득이나 안전을 도모한다는 것, 그래서 자기 자신도 속일 수 있다는 생각은 결국 자기 부정이다. 이런 성공은 자기가 하는 행동의 토대를 의식적으로 바꾼다는 것을 뜻하기 때문이다. 마술을 시도해본 사람이라면 누구나 이게 무슨 말인지 정확히 안다. 마술로 사람들의 찬탄을 자아낼 수 있는 것은 이 마술로 사람들을 놀라게 하는 데 성공했기 때문이다. 마술이라는 속임수를 집중해서 확실히 구사할 수 있게 익혀놓고 이 기술을 어떻게 하는지 잊어버렸다면 사람들의 비웃음은 피할 수 없다. 그러나 거짓말의 성공은 거짓말로 사람을 속이면서 자신도 속는다는 것이기에 말이 되지 않는 이야기다. 그리고 또 거짓말을 피하려 아예 일관되게 만남을 피하는 사람, 속았다는 결과를 원하지 않아 만남을 피하는 사람에게 우리는 이미 만나지 않았느냐고 우격다짐을 할 수는 없는 노릇이지 않은가. 우리가 이 문제의 성찰에서 본격적인 진전을 이루지 못하는 것은 물론 칸트의 고찰, 곧 이미 명확히 본 것을 무비판적인 생각으로 다시금 애매하게 만드는 인간의 능력을 다룬 고찰이 실제 사람들의 관심을 끌지 못했기 때문이다. 자기를 속이는 거짓말은 이미 칸트의 동시대인들조차 달갑지 않아 피하려 했던 주제다. 그러나 또 거짓말에서 진실의 결여만 볼 뿐, 거짓말이 존재하는 현실을 외면하는 우리의 습관이 이 문제를 어렵게 만드는 원인이기도 하다. 그러니까 자기를 속이는 거짓말에 대해 대화를 통해 작용하는 거짓말의 이해를 바탕으로 다시금 생각해보자.

거짓에 의존한 인생

인간은 자신이 가진 지식을 감각자극, 즉 이 지식을 생생하게 만들어주는 감각자극을 피함으로써 의도적으로 잊을 수 있다. 감각자극의 회피라는 점에서 자신의 중독을 의도적으로 다루는 것도 다르지 않다. 그냥 간단하게 수첩을 확인하지 않는 사람은 자신이 약속을 했다는 것을 무시할 수 있다. 인터넷에서 검색을 즐기느라 시간감각을 잃어버린 사람은 이런 식으로 약속 장소에 정확히 나타나는 것을 피할 수 있다. 이처럼 감각자극을 의도적으로 통제하는 것은 대단한 강점이 있다. 예를 들어 약물 중독에 빠진 사람은 몸이 약물의 효과를 기억하게 하는 자극을 피해야 중독을 이겨낼 수 있다. 거꾸로, 글을 쓰는 저자는 원고 마감을 정확한 때에 지키지 못하면 출판사가 얼마나 불행해할지 되도록 자세히 떠올려봄으로써 원고 마감의 신뢰에 직접 영향을 줄 수 있는 자극을, 물론 이 자극의 종류는 저자의 성격에 따라 달라지겠지만, 의도적으로 만들어내기도 한다. 이렇게 일어나는 자기 속임수는 자신이 감각자극을 어떻게 받아들이는가 하는 앎을 지혜롭게 응용하는 것이다. 이처럼 자극을 차단하거나 일부러 만들어내는 일은 무엇보다도 자신의 습성과 성벽을 정확히 알 때 효과를 낸다. 그래서 우리는 이런 능력을 자제와 규율의 조건으로 꼽기도 한다. 어쨌거나 우리 눈에 희망할 만한 목적에 이바지하는 것이 자기 속임수다.

물론 거짓말은 어떤 특정 행동을 억누르거나 도발하는 것이 아니다. 거짓말은 우리가 행동하는 기반을 교환하는 것이라 다른 사람이라는 우회로가 없이는 이뤄질 수 없다. 거짓말이라는 행보를 처음으로 내딛고 세계를 바꾸려면 우리의 행동반경 안에 다른 사람이 꼭 있어야 한다. 거짓말은 우리가 상대방에게 어떤 특정한 태도를 기대하는 탓에 이 상대방이 참으로 여기는 것에 영향을 주려고 노린다. 상대방이 기대대로 행동하게 하는 성공적인 거짓말은 이로써 현실을 만들어내기 때문에 필연적으로 우리에게 반향을 미친다. 우리가 상대방에게 진실이라고 여기게 만든 것을 정말 참인 줄 아는 사람과 함께 산다는 것은 우리 역시 자기 행동으로 만들어내는 세상이 더는 아닌 세계에서 살아야 한다는 것을 뜻한다. 이런 딜레마는 19세기의 젊은 처녀들이 그림처럼 보여준다. 거짓 결혼약속을 굳게 믿은 처녀는 드디어 자신이 결혼하게 되었다는 자랑을 동네방네 떠드는 바람에 사기꾼으로 하여금 그가 거짓말할 때 계획했던 그대로 더는 살지 못하게 만든다. 우리가 행동의 결과를 확실하게 계산할 수 없다는 것은 진부한 진리다. 바로 그래서 우리는 중요한 문제일 경우, 복잡한 '만약~, 그럼~' 하는 놀이에서 손을 떼는 것이 최선이다. 성공적인 거짓말은 우리의 현실을 필연적으로 바꾸어놓기 때문이다. 그럼 우리 자신의 행동 기반, 곧 처음에 거짓말을 하기 시작했던 기반도 더는 존재하지 않는다. 거짓말로 생겨나는 현실에 가까워질수록 우리는 그만큼 더 우리가 누구인지, 왜 지금 하는 행동을 도대체 하려는 것인지 알 수 없는 지경에 빠지고 만다. 이런 파국을 피해 자신을 구출하려는 사람은 되도록 빨리 거짓말로 만들어진 현실을 벗어나 멀리 떨어진 다른 세상으로 몸을 숨겨야 한다. 그러나 이 피신처에서 그는 결국 완전한 타인으로 홀로 남은 자신을 보며 한숨지을 수밖에 없다. 극단적인 경우에 그는 이런 사정을 만든 원인이 거짓말한 사람의 전략과 의지였다는 것을 아는 유일한 사람으로 남는다. 억울함을 토로해봐야 아무도 그의 말에 귀 기울여주지 않는다. 억울한 외톨이라는 역할이 얼마나 무서운지 아는 우리는 이 앎을 감추고 자신이 완벽하게 안전하다고 느낄 세계를 만들어내려 안간힘을 쓰지만, 그럴수록 행동할 여지는 줄어든다. 인생의 거짓말에 매우 가까이 갔던 토마스 하를란*은 언젠가 이런 말을 했다. "현실을 어둡게 만드는 최대의 위협은 현실을 창작하는 사람에게 끌리는 우리의 마음이다." 게다가 우리는 우리 자신에게도 애정이 있기 때문에 상황은 피할 수 없이 복잡해진다.

●   Thomas Harlan(1929~2010). 독일의 작가이자 연극 연출가. 1960년부터 폴란드에 살면서 나치 강제수용소의 만행을 밝혀내려 노력하다가 갖은 고초를 치렀다. 6800명을 살해한 혐의로 무기징역을 선고받은 나치 친위대 장교 알프레트 필베르트를 인터뷰한 영화 〈상처의 운하〉Wundkanal(1984)를 발표해 독일 사회를 충격에 빠뜨렸다.

거짓말은 고의적으로 거짓을 만들어낸 사람도 위협한다. 거짓에 속은 사람의 현실은 거짓말을 한 사람에게도 고스란히 영향을 미치기 때문이다. 또 낯설고 별로 달갑지 않은 세계라 할지라도 이 세계 안에서 우리는 행동해야 한다. 심지어 성공적인 거짓말로 만들어진 것이 우리가 꿈에도 그리던 세계라 할지라도 이 세계를 만들어낸 원인이 무엇인가라는 앎, 곧 거짓에 대한 앎은 피할 수 없이 남는다. 인간은 감각이 그려주는 그대로의 세계에 만족하지 않는 존재다. 인간은 무슨 조건으로 이루어졌는지 생각하지 않고서는 그 어떤 대상도 떠올릴 수 없기 때문이다.

"조용한 여름날 저녁 은은한 달빛 아래 한적한 숲에서 나이팅게일의 매혹적일 정도로 아름다운 노랫소리를 듣는 것보다 시인이 더 높게 칭송할 것이 있을까? 그럼에도 우리는 그런 뛰어난 실력의 가수가 등장할 수 없는 곳에서 어떤 유쾌한 성격의 주인이 시골의 맑은 공기를 즐기려 그를 찾아온 손님들이 최대한 만족을 누릴 수 있게 하기 위해 어떤 장난꾸러기 소년으로 하여금 숲에 숨어 이런 노랫소리(입에 갈대나 피리를 물고)를 자연 그대로 흉내 내도록 꾸민 사례를 알고 있다. 이게 속임수였다는 것을 알자마자 손님들은 조금 전만 해도 그토록 매력적으로 여겼던 노랫소리를 더는 들으려 하지 않고 자리를 박차고 떠나버렸다."•• 모든 감각자극은 변하지 않았으며, 빛도 울림도 장소도 또는 모임도 변한 것이 없음에도 인간은 자신을 속이려

••　이 인용문은 칸트 『실천이성비판』의 302쪽(전집판)에 나온다.

는 의도를 가진 다른 사람이 원인이었음을 알자마자 다르게 느낀다. 이마누엘 칸트가 위에서 묘사한 것은 자기 몸 상태가 좋지 않았음에도 시골을 찾았던 극히 드문 경험을 편안한 모임의 시간으로 특별하게 기억했다는 점을 고려하면 그만큼 더 인상적이다.

인생의 거짓말을 이야기할 때 우리는 인생을 쥐락펴락한 거짓뿐만 아니라, 거짓에 의존한 인생도 생각한다. 인생의 현실은 거짓이었기 때문이다. 이런 현실을 만든 원인을 거짓말이 시작된 상호관계에 비추어 반추하면서, 인간은 한때 참으로 여겼던 것, 마음에 들었든 아니든 관계없이 더는 이것을 견딜 수 없어한다. 결국 우리는 자기 행동에 결정적 영향을 미친 일을 잊어버릴 소질을 타고나지 않았다. 일단 깨우친 진실을 잊지 않듯.

앎으로서의
거짓말

거짓말은 방향을 비트는 것이다

우리는 누구를 믿는가

우리는 무엇을 믿는가

우리는 무엇으로 믿는가

왜 우리는 믿으려 할까

"당신이 저에게 들려준 이야기 가운데
무엇이 진짜고 어떤 것이 가짜인가요?"
"친애하는 박사님, 그건 모두 진짜입니다……."
"거짓말도요?"
"특히 거짓말이 진짜입니다."

— 게랙이 줄리언 바시르 박사와 나눈 대화, 〈스타트렉: 딥 스페이스 나인〉 (우주 시간 2370)●

●   〈스타트렉: 딥 스페이스 나인〉 Star Trek: Deep Space Nine(DS9)은 1993~
1999년까지 미국에서 방영된 SF 드라마다. 게랙과 줄리언 바시르 박사는 이 드라마
에 등장하는 캐릭터다.

거짓말을 두고 성찰하는 것, 곧 거짓말이 무엇인지 묻는 일은 쉽지 않다. 쉽지 않은 이유는 무엇보다도 지금 우리가 철학을 해야 한다는 데 있다. 철학은 우리가 이미 만난 것을 다시금 살피는 '두 번째 눈길'이다. 무엇을 상대하는지 정확히 알지 못하거나 또 그렇다고 놀라지도 않으면서 이미 오래전부터 익숙하다고 여기는 것을 찬찬히 살피는 철학의 눈길은 우리에게 익숙하지 않다. 생각을 두고 다시금 생각하는 철학은 언제나 익숙한 일상으로부터의 일탈, 잠시 멈추어 거리를 두고 바라보며 반성적으로 던지는 물음이다. 저것은 무엇인가? 대체 왜 저런 것이 있을까? 그리고 저것은 무엇을 위해 좋은가? 이런 일탈의 관점은 익숙하지 않다. 익숙지 않다는 점에서 거짓말을 다루는 성찰은 이성과 인식 능력을 묻는 물음과 본질적으로 다르지 않다. 그렇다. 거짓말의 본성을 묻는 물음은 도대체 무엇이 진짜 인식의 대상인지 묻는 인식론과 다르지 않다. 거짓말의 경우도 무엇이 진짜 본격적인 거짓말인지 가려보기는 간단치 않다. 거짓말이 무엇인지 더욱 자세히 알려는 것을 못마땅하게 바라보는 저항감은 더 쉽게 다룰 수 있는 생각의 대상이 있다는 사실로 생겨나는 게 아니다. 우리가 무엇보다도 거짓말 문제를 꺼려하는 이유는 거짓말로 무너진 사람의 기억, 거짓말에 패배한 쓰라린 기억 탓이다.

우리는 거짓 속에서 살아가는 인생을 마음에 든다며 좋아하다가도 그게 거짓말이었다는 것을 불현듯 깨닫는 순간, 그 충격을 항상 개인적으로 받아들인다. 이때의 충격은 실수를 했다는 충격과 같지 않다. 실수의 경우 우리는 어깨를 으쓱할 뿐이다. 실수야 끊임없이 하는 것이며, 실수했다고 해서 누군가 우리가 밟고 선 바닥을 무너뜨리는 것처럼 확실하게 세계가 사라진다는 격정적 충격에 사로잡히는 건 아니기 때문이다. 거짓말은 다르다. 그동안 서로 잘 이해한다고 믿었던 누군가가 우리를 속였다면, 당장 우리는 이 거짓말에 내가 혹시 협력한 것은 아닐까 하는 염려에 사로잡힌다. 거짓말은 우리 자신이 그 조건 가운데 하나이기 때문에 여느 다른 대상과 같지 않다. 우리는 세상 어딘가에서 단순하게 실수로 거짓말이라는 돌부리를 걸어차 휘청거리는 게 아니다. 거짓말이 존재한다는 사실은 아주 분명하게 우리 자신과 관련이 있다. 우리는 거짓말한 사람만 역겨워하지 않는다. 우리는 자기 자신을 두고 속았다며 불쾌해한다. 심지어 거짓말한 사람이 자신이 아니라 다른 사람이라며 분노한다. 그럼에도 왜 분노하는지 그 정확한 이유를 아는 사람은 드물다. 지금 무슨 일이 벌어지고 있는지 당장 알아볼 수 있어 전혀 위험하지 않아도 우리는 그냥 넘어가지 않는다. 물론 우리는 속내를 쉽게 드러내기는 한다. 어떻게 사람이 저렇게 뻔뻔할 수 있지? 그리고 저런 거짓말에 속는 사람은 어째서 그렇게 쉽게 믿는 거야?

복수를 다짐하는 게 놀라운 일은 아니다. 적어도 해명을 요구하며 이내 보호 방안을 강구하는 게 우리네 인간이다. 우리는 거짓말 탐지기를 기꺼이 원한다. 가장 좋은 것은 속기 전 제때에 경고를 해주는 기계나, 거짓말하는 사람을 알아볼 수 있는 믿을 만한 암시다. (그러나 우리 자신이 거짓말을 했다면 그런 레이더가 어디 있는지, 그 사각지대는 어딘지 우리는 무조건 알

128

아야 한다.)

　우리를 불안에 빠뜨리는 것은 지금 막 알아본 것이 혹시 빙산의 일각은 아닐까 하는 의심이다. 본격적으로 무엇을 노리고 거짓말을 한 것일까 하는 물음은 우리를 녹초로 만든다. 충격적인 실망을 문학적으로 그려내는 데 있어 발군의 실력을 발휘한 대가 스위스의 작가 프리드리히 뒤렌마트는 이 두려움을 단 하나의 문장으로 담아냈다. 어떤 남자가 오랜 세월이 흐른 뒤 간절히 그리워했던 옛사랑을 다시 만났다. 당시 그는 그녀와 이별한 후 다른 여자와 결혼했다. 그러나 이제 그녀가 다시 그를 찾아왔다. 두 남녀는 옛 사랑놀이를 즐기던 숲의 벤치에 앉아 대화를 나눴다. 모든 게 옛날로 돌아간 것처럼 보였다. 그러나 정절이라고는 모르는 남자는 옛 기억을 떠올리며 자신의 심장을 차지했던 처녀가 이제는 앙칼진 늙은 여인, 그러나 상당한 부를 거머쥔 귀부인이 된 것을 알아차렸다. 그녀는 오로지 복수하겠다는 일념으로 그를 찾아왔다. 남자는 죽어야 마땅하며 또 죽게 되리라. 그러나 남자에게 이런 사실은 지금 손을 뻗어 잡은 여자의 손이 상아를 깎아 만든 모조품, 나무랄 데 없는 의수로 드러난 충격에 비하면 아무것도 아니었다. "클라라, 너는 도대체 모든 것이 지어낸 것이야?"

　거짓말을 알아볼 해석법, 해독 코드, 가능하다면 최소한 나중에라도 거짓말의 진실을 역추적할 수 있는 암호해독기를 가질 수 있다면 어떤 것을 주어도 아깝지 않을 것이다. 무엇보다도 우리는 거짓말한 사람이 쓴 수단이 어떤 것인지 알아내고 싶어한다. 그래야 그가 정확히 무엇을 원한 것인지 우리는 명확히 이해할 수 있을 테니까. 거짓말을 알아본 사람은 그 전달의 매체, 곧 언어, 몸짓, 기호 등도 의심한다. 우리가 경솔하게 믿은 이유가 이 매체에 있지는 않을까? 조작에 안전한 소통 채널은 없을까? 천 마디의 말, 몸짓, 그림보다 더 많은 것을 이야기해주는? 아니 혹시 우리가 소통에 단적으로 지나친 기대를 걸었던 것은 아닐까? 우리가 소통으로 주고받는 것은 선물, 더더구나 사랑의 선물은 아니기 때문이다.

소통(콤-무니-카레Com-muni-care)이라는 단어의 어근을 이루는 라틴어 '무누스'munus는 그저 '기능'을 뜻할 뿐이다. 곧 소통communication은 함께 무엇을 함, 함께 기능함이라는 뜻이다. 소통에서 주고받는 것이 거짓이 아니라고 누가 장담할 수 있는가? 대화가 유익하며 항상 좋다고 우리는 어떻게 기대할 수 있는가? 그러나 거짓말로 곧장 모든 관계를 의심하지는 않는다 할지라도, 우리는 거짓 기반 위에서 허비한 인생의 시간이 아까워 콩알만큼의 진실이라도 구하고 싶어한다. 거짓말로 일말의 세계를 잃거나 심지어 포기해야 했던 탓에 최소한의 것이라도 되찾고 싶어한다. 진실은 항상 중도에 있다는 진부한 지혜는 결국 거짓에 속아 슬퍼하는 사람을 멀리하라는 정도로만 쓸모가 있을 뿐이다. 어쨌거나 이런 진부한 지혜는 마찬가지로 기꺼이 매달리는 태도, 곧 그래도 막판에는 뭔가 있지 않을까 하는 기대만큼 위험하지는 않다. 거짓말하는 사람이 그 정도로 치밀하게 모든 것을 계산한다는 게 말이 되는 이야기인가?

거짓은 손해를 끼친다. 곧 거짓은 범죄가 일어날 여지를 만드는 통에 범죄의 다른 이름이라 해도 과언이 아니다. 거짓 속에서 일말이라도 진실을 찾고자 하는 우리의 희망은 바로 그래서 피할 수 없이 실존적이다. 어떡하든 손해를 만회하려는 눈물겨운 안간힘이랄까. 경솔하게 믿었다는 것은 전혀 다른 성격의 비난이다. 최소한 최악만큼은 막아보려는 잘못된 희망으로 적과 손을 잡은 것이 경솔한 믿음이기 때문이다. 상대방이 어떤 사람인지 잘 알면서도 왜 무기력하게 살인을 방조했는지 그 이유를 다른 사람들, 특히 자기 자신에게 납득이 가게끔 설명하고 싶은 마음이 간절한 인간은 전력을 다해 자기 입장을 옹호해주는 사실을 만들어내려 안간힘을 쓴다. 그래서 그는 상황을 올바로 판단할 수 있다고 믿는 것은 우리의 자만일 뿐이라고 강변한다. 거짓말쟁이의 속내를 간파해 자신에게 유리한 쪽으로 이용할 수 있었음에도 그를 너무 믿은 나머지 속았다고 생각하는 사람은 외로워질 수밖에 없다. 누구도 이런 말을 믿지 않는 만큼 그의 외로움은 더 커진다.

거짓말은 인간이 특정한 방식으로 하는 행동이다. 인간은 다른 사람과의 만남에서 뭔가 중요한 것을 경험했다고 확신하는 탓에 이런 행동을 한다. 그러나 인간이 간과한 것은 이 다른 사람이 있기는 하지만, 현재하지 않는다는 점, 다시 말해 어딘가에 숨어 알아차리지 못하게 가짜 정보를 흘림으로써 속는 사람이 잘못된 결론을 이끌어내도록 전략을 쓰고 있다는 점이다. 우리가 참이라고 여긴 것, 곧 우리 행동의 근거로 알맞다고 생각한 것은 이 다른 사람이 우리가 현실을 보지 못하기를, 현실 안에서 착각하기를 원했기 때문에 진짜가 아니다. 그리고 또 우리는 거짓말한 사람을 보며 내린 판단을 우리 감각보다 더 믿는 실수도 저질렀다.

거짓말한 사람과 그를 믿은 사람, 두 사람은 정확히 이런 착각을 했기 때문에 거짓 속에 사로잡힌다. 정확히 이런 이유로 거짓말은 생각함 그 이상의 것, 곧 대화이다. 이렇게 볼 때 거짓말을 읽으려는 우리의 희망과 동시에 거짓말을 읽기 두려워하는 우리의 마음가짐이 어떻게 생겨났는지 비로소 설명된다. 우리는 자신이 읽히는 게 아닐까 두려워한다.

거짓말은 방향을 비트는 것이다

의심

거짓말쟁이와 거짓말을 타당하게 알아볼 수 있는 표시가 있는지 하는 물음을 전문적으로 다루는 사람은 실제 극소수다. 이런 정황은 무엇보다도 어떤 사람이 하는 말을 어떻게 다루면 좋을지 결정하는 문제에서 인간이 강제를 받는 경우가 드물다는 점과 관련이 있다. 인생의 대부분 분야에서 우리는 상대의 말을 그저 간단하게 받아들인다. 다시 말해 도대체 이 말로 무엇을 시작해야 좋은지 묻는 경우는 드물다. 우리는 다른 사람이 우리의 의견을 공유하지 않는다고 해서 혼란스러워하지도 않는다. 우리는 의견이라는 것이 대개 그 근거를 굳이 제시하지 않아도 되는 매우 애매한 사안이라고 알기 때문이다. 하물며 의견을 누군가에게 누누이 설명해야 하는 것은 더더욱 아니다. 정작 중요한 순간, 곧 우리가 행동에 나서야 하는 경우에 의견은 그 근거가 되기에 충분하지 않다. 과감하게 행동에 나서기 위해서 우리는 지식 또는 충분한 근거를 원한다. 설득하지 말고 확신을 달라는 우리의 요구는 결국 설득과 확신을 명확하게 구별할 줄 아는 우리 능력의 결과이기도 하다. 다른 사람이 하는 말이 참인지 거짓인지 하는 문제는 우리가 최소한 지금 들은 말을 가지고 어떤 개인적인 결정을 내릴 것인지 숙고할 때에만 중요해진다.

그래서 이른바 '가짜 뉴스'의 대부분은 엄밀하게 말해 뉴스가 아니며, 그저 보는 대로 잊어버리는 기묘한 헛것에 지나지 않는다. 머리가 세 개인 고양이라거나 수영복을 입은 대통령, 기괴하기 짝이 없는 요설 또는 외계인의 최신 사진 따위는 그저 우리의 흥미를 자극할 뿐이며, 그 내용이 진실인지 하는 물음에는 일고의 가치가 없다. 하물며 우리는 이런 것을 뉴스로 평가하지도 않는다. 사람들의 주목을 끌고 싶어 기이한 이야기나 떠벌리고 기괴한 사진을 돌리는 인간은 자신이 거짓에 거들고 있다는 생각조차 하지 못한다. 거들먹거리는 화려함의 배면에 숨은 것이 무엇인지 우리는 너무도 잘 안다. 아는 척 뻐기는 장광설은 그저 오락일 뿐 정보가 아니다. 정보를 찾는 사람은 어디서 찾을 수 있는지 익히 알며, 최소한 무엇으로 정보를 알아볼수 있는지 밝히 가려본다. 이미 칸트는 인간이 실제로 어떤 것을 중요한 정보로 여기는지, 그냥 흥미만 가지고 가볍게 다루는 것은 무엇인지 알아볼 간단한 테스트를 제안했다. 이 테스트는 돈을 걸고 하는 내기다. "흔히 사람들은 자신감이 넘치며 꺾을 수 없는 고집으로 말을 하는 통에 혹시 실수한 것은 아닐까 하는 모든 염려를 완전히 내려놓은 것처럼 보인다. 내기는 그런 사람의 말문을 막히게 만든다. 내기를 해보면 때때로 1두카텐의 가치가 얼마인지 자신 있게 설득하지만, 액수가 10두카텐에 이르면 주저하는 자세가 나타난다. 1두카텐이야 과감하게 내기에 걸지만, 10두카텐이 되면 인간은 비로소 혹시 자신이 오판한 것은 아닌지 염려하기 때문이다. 인생 전체의 행운을 무엇에 걸지 머릿속으로 그려본다면, 호언장담하던 우리의 판단은 깨끗이 사라지며, 대단히 위축된 우리는 비로소 믿음이 그리 멀리 미치지 못함을 깨닫는다."* 만약 칸트가 이런 혜안을 자신의 『순수이성비판』 맨 뒤에 숨겨놓지 않았다면, 그동안 인간의 판단력을 둘러싸고 벌어졌던 그 많은 기묘한 토론은 절약될 수 있지 않았을까!

우리는 읽은 어떤 것이 맞는지 검증할 수 있을 정도로 언제 어디서나 충분히 아는 것은 아니라 할지라도, 그냥 즐기려는 경우에는 단순한 믿음만 가져도 된다는 점만큼은 정확히 안다. 그러나 행동하려는 의지를 내보이는 사람은 믿음과는 다른 근거를 요구하며, 어떤 말이 올바른 것인지 의심하는 태도를 진지하게 받아들이고 제대로 된 읽을거리를 찾는다.

이야기가 나온 김에 짚어보자면, 인간의 진술을 소급해 확인해야 하는 작업을 핵심으로 삼는 학문, 곧 역사학도 의심을

• 이 사례는 『순수이성비판』의 B 852/3, A 824/5에 나오는 것이다. 참고로 A는 이 책의 초판, B는 개정판을 가리킨다.

진지하게 다룬다. 역사학은 신뢰할 수 없다는 혐의가 성립하는 모든 원전을 일일이 찾아내 자료로 자격이 없다고 배제한다. 정체가 폭로된 거짓말은 위조와 마찬가지로 연구 성과로 인정되지 않는다. 이런 탓에 우리는 대단한 양의 역사 자료를 가지면서도 그 가운데 대부분은 옆으로 밀어두어야 하는 끔찍한 상황을 맞는다. 성실하게 연구하지 않았다는 질타를 듣고 싶은 사람은 아무도 없다. 지난 세기의 독일 역사에 관심을 가지고 접근해본 사람은 한숨소리를 익히 안다. 1945년에서 이듬해에 걸쳐 주요 전범을 상대로 열린 뉘른베르크 전범 재판의 경우만 하더라도 우리가 반쯤의 진실, 4분의 1의 진실 그리고 뻔뻔하기 짝이 없는 허위를 원전 기록이라며 마구 끌어다대어 이용했다면 어떤 난장판이 벌어졌겠는가! 물론 역사학에서 귀중한 진본 원전이 발견되었다며 그동안 헛소리를 했다고 삿대질을 주고받는 일은 드물지 않게 벌어진다. 엉뚱한 진본의 출현으로 연구자의 평판은 물론이고 화려했던 경력은 하루아침에 물거품이 되고 만다. 그러나 성찰하는 작업으로서의 학문은 가짜가 진본 취급 받는 그런 잘못을 바로잡을 시간을 얼마든지 가진다.

법정의 진실 공방

　　　　　다른 대안 없이 진술을 진지하게 받아들여야 하는 사람들의 사정은 전혀 다르다. 이런 사람들은 속임을 당할 높은 위험에 피할 수 없이 노출된다. 이들의 직업은 그럼에도 수많은 사람들에게 중대한 영향을 미칠 결정을 내릴 것을 요구한다. 정확히 이런 상황은 법을 다뤄야 하는 법정에서 벌어진다. 법정 다툼의 핵심은 사건을 재구성해보는 것이다. 재구성은 사람들의 진술에 의해서 이뤄질 수 있다. 예로부터 법 체계는 되도록 단기간에 걸쳐 결정을 내려야 하는 압박을 받기 때문에 진실과 거짓의 확실한 구별을 용이하게 만들어줄 방법을 실험하는 오랜 전통을 자랑한다.

사법적 진실 탐색의 경험이 있는 사람은 한 가지 점만큼은 절대 잊지 않으려 다짐한다. 거짓말이 무엇인지 묻는 우리의 탐색에 비추어볼 때 법정 상황은 아주 특별한 조건과 매우 특수한 물음 아래 이뤄지는 경험적 테스트와 다르지 않다. 이런 경험적 테스트로 얻어지는 결과는 어떤 경우에도 일반화해서는 안 된다는 것이 그 다짐이다. 법정이나 경찰 수사의 테두리 안에서 어떤 진술을 해본 사람은 특수성과 일반성의 차이가 무엇인지 알게 마련이다.

자세히 따져 묻는 심문이 오로지 진실에 대한 관심만 가지고 이뤄져야 한다는 점에 이의를 제기할 사람은 아무도 없다. 모든 관련 당사자는 서로 주고받는 모든 말을 특히 주의 깊게 검증해야 한다는 것을 알아야 한다. 그럼에도 누군가 거짓말을 한다면 이로써 생겨날 직접적인 폐해는 피할 수 없다. 우리가 지금껏 거짓말과 거짓말쟁이와 거짓을 구분하며 알아보았듯, 진술의 내용을 정확히 검증해야 하는 이런 예외 상황은 더욱 정밀하게 묘사되어야 한다. 법정에서 증거 능력이 있는 진술의 청취는 진술 당사자가 하는 말과 그가 참으로 여기는 것 사이의 연관관계를 언제라도 투명하게 검증할 수 있게 만들려는 시도다. 어떤 확신이 성립하는 과정을 되도록 면밀히 살핌으로써, 우리가 진실로 여기는 것이 무슨 작용을 하는지 관찰하는 일은 더할 수 없이 중요하다. 우리는 일상생활에서 필요한 결정을 단 몇 초 만에 내리며 어떤 확신으로 행동을 결정했는지 해명하는 일이 드문 반면, 재판에서 판결을 내리는 일은 많은 눈들이 지켜보는 가운데 자칫 지루할 수 있는 진실 공방을 벌이며 이뤄진다.

정의에 맞는 판결을 요구한다는 것은 우리가 개별적인 데이터를 최대한 많이 수집하고, 이런 데이터를 개인의 이해관계나 조작에 여지를 주지 않으면서 검증 가능한 방식으로 다루어야 한다는 우리 자신을 겨눈 요구이기도 하다. 법관이 증거를 이상적으로 다루는 방식은 그 결정을 수긍할 수 있는 투명성을 최대한 보장하고 누구라도 동의할 수 있게 만드는 것이다. 법치 국가는 정확히 이런 방식을 검증할 수 있도록 더 많은 상급기관을 운용하기도 한다. 이런 환경에서 거짓말을 하려는 사람은 피할 수 없이 관찰과 의심의 대상이 되며, 왜 지금 그런 일을 벌이는지 그 배경이 되는 생각을 낱낱이 밝히라는 압력을 받는다. 거짓말을 믿는 사람도 마찬가지다. 그러나 누구나 알듯, 이런 제도와 절차는 우리가 거짓말하는 사람을 확실하게 알아볼 수 있는 보증을 제공하지 못한다.

왜 진실과 거짓말을
구별하기가 어려운가

　인간이 진실을, 오로지 진실을
얻어내려 애써온 방법의 역사가 무엇보다도 실패와 좌절의 역
사인 것은 우연한 일이 전혀 아니다. 고통이나 두려움, 처벌의
위협 혹은 심지어 구원의 약속도 진실을 강제하지는 못한다. 거
짓말은 자유의 행위이기 때문이다. 아픔과 두려움과 위협과 약
속으로 우리는 정확히 정반대의 것을 얻어낼 뿐이다. 고문받
는 사람은 진실을 말하기보다, 고문관이 무엇을 진실로 여기는
지 알아내려 안간힘을 쓴다. 고문관이 진실로 여기는 것을 말해
주어야 고문의 고통이 멈추기 때문이다. "그럼, 그렇지. 이제야
실토하는군" 하고 의기양양해하면서 고문관은 결국 자기 생각
만 강제할 뿐이다. 속내를 정확히 말해주는 것보다 어른의 좋은
기분을 훨씬 더 중요하게 여기는 어린아이와 마찬가지로 고문
은 암시의 이상적인 공간을 만들어낸다.

　자신이 무슨 말을 해야 하는지 정하는 기준은 오로지 상대
방의 생각일 뿐이다. 바꾸어 말해 고문받는 사람은 고문관의 비
위에 맞추려 되도록 그럴싸하게 거짓말하려 시도한다. 선서는
물론 그럴싸한 발상이기는 하다. 상대방에게 진실을 선서하게
하려고 신과 영원의 심판을 들먹여가며 두려움을 조장하는 사
람은 오로지 자신이 순환논증에 빠졌음을 발견할 뿐이다. 자신
에게 무조건적인 솔직함의 의무를 지운 신이 있다고 믿는 사람
은 분명 선서라는 형식이 없이도 진실을 말할 것이다. 그러나

거짓말을 해도 신이 벌을 내리지 않는다고 믿는 사람은 심지어 신도 속일 수 있다고 자신한다. 결국 선서는 거짓말을 하지 못하게 하는 안전장치가 전혀 아니다. 그리고 자신이 하는 말로 빚어질 결과, 편안한 결과이든 불편한 결과이든 결과를 생각하는 사람이라 할지라도 거짓말은 얼마든지 할 수 있다. 결과를 생각한다는 것은 거짓말을 막아주는 게 아니라 오히려 하게 만드는 조건이기 때문이다. 인간이 일찌감치 아예 애초부터 거짓말쟁이와 진실한 자를 분류할 수만 있다면 정말 좋지 않을까 하는 희망에 사로잡힌 것은 선서의 이런 무의미함을 간파했기 때문이다. 거짓말쟁이를 거짓말쟁이로 확실하게 알아볼 수만 있다면 그 사람이 하는 말은 일절 들어주지 말자고 낙인을 찍어 거짓을 피하려는 희망은 이처럼 간절하다.

무슨 말을 하든 어떤 행동을 하든 그 사람이라면 믿을 수 있다는 절대적인 신뢰는 드물기는 하지만 아주 없지는 않다. 오늘날 이런 사람을 별종으로 여기는 분위기가 있는 것은 부정할 수 없는 사실이지만, 그래도 이런 절대적 신뢰를 기대하는 인간의 심리는 놀라운 것이 아니다. 우리는 신뢰라는 말을 쓸 때 신뢰는 인간의 불변하는 성격적 특성이며, 이런 특성은 아주 간단하게 알아볼 수 있다고 생각한다. 그 어떤 맥락에서든 거짓말을 하다가 발각된 사람을 보며 우리는 그가 다른 맥락에서도 진실에 충실하지 않을 거라고 지레 짐작한다. 하긴 언젠가 거짓말을 한 것을 아는데 왜 우리가 그 사람의 말을 진지하게 들어주어야 할까? 인간을 거짓말쟁이와 진실한 자로 분류할 권한을 우리가 누구에게 인정해주어야 하느냐는 까다로운 문제는 논외로 한다

하더라도, 어떤 개인의 신뢰도를 측정하는 것은 이론적으로나 실천적으로나 매우 어렵다.

우선 인간이라면 누구나 한 번쯤 거짓말을 했거나 최소한 다른 사람이 그를 위해 거짓말한 덕을 보았다. 결국 믿을 사람은 아무도 없는 것이 되고 말기에 신뢰도라는 개념이 대체 무엇을 말하느냐는 물음이 자연스레 고개를 든다. 그러나 실천적 측면, 곧 사법적 문제에서 아주 중요한 점은 우리가 누구의 말은 듣고, 누구의 말은 듣지 않을지 선택할 수 없다는 것이다. 피고는 쟁점을 두고 자기 입장을 밝히고, 또 이런 진술은 존중받을 권리가 있다. 사회를 대표하는 법정은 피고와 증인의 발언을 반드시 들어주어야 한다. 다시 말해 우리는 이들의 진술이 없어도 된다며 무시해서는 안 된다. 그러나 우리의 속내는 다르다. "한 번 거짓말한 사람은 진실을 말하더라도 아무도 믿지 않는다"라는 독일 속담이 이런 속내를 정확히 드러낸다. 어느 누구보다 진실을 간절하게 필요로 하는 사람은 개인들을 분류하는 방법을 찾는 게 아니라, 문제가 되는 사안을 조금이라도 아는 인물, 극소수일지라도 이런 인물을 한 명도 빼놓지 않고 모두 찾아내야 한다. 사안을 구체적으로 알아낸 것, 이것이 바로 정보다. 그리고 이런 정보를 현장에서 지켜본 전문가는 극소수다. 사법적 진실 탐색은 이 극소수의 인물을 찾아내는 일이다. 이런 탐색에서 우리는 누군가의 신뢰가 의심스럽다는 이유만으로 애초부터 그의 진술을 듣지 않으려 해서는 안 된다.

물론 능수능란한 거짓말, 심지어 거짓말의 전문가는 분명 존재한다. 그러나 목표를 가지고 훈련한다면 인간의 모든 능력이 신장될 수 있다는 말이 맞는다 할지라도, 거짓말은 어디까지나 구체적인 상황에서만 생각할 수 있는 가능성이다. 누군가 자전거를 능숙하게 탄다는 사실이 그가 자전거만 보면 곧장 올라타지 않고는 지나갈 수 없다는 것을 뜻하지는 않는다. 인간은 거짓말을 할 수 있는 존재다. 그리고 인간은 거짓말을 해야 거짓말쟁이가 된다. 하지만 누군가 거짓말을 했다고 해서 그가 오로지 거짓말만 한다는 결론을 내리는 것은 논리적 사고의 간단한 오류다(가능성을 곧 현실이라고 추론하는 것은 논리학이 허용하지 않는다).

이 오류는 거짓말이 생겨나는 조건들을 잘못 이해한 것이다. 병적으로 거짓말을 하는 지극히 드문 예외가 있기는 하지만, 어떤 인간이 자신이 가진 능력을 어떻게 그리고 언제 자유롭게 이용하는지 확실하게 예측할 수 있는 방법은 없다. 실제로 1999년 독일 연방재판소는 재판에서 신뢰도 감정을 포기하기로 결정했다. 개인의 진실함 정도를 판단할 과학적 근거가 단적으로 존재하지 않는다는 것이 이런 결정의 배경이다. 증거 채택에서 유일하게 허용되는 것은 누구나 듣고 보는 진술일 뿐이다. 따라서 법정에서 이뤄지는 감정은 진술에만 국한되어야 한다. 진술이 진실과 부합하는지 여부만 따져야지 개인의 신뢰도가 감정 대상이 되어서는 안 된다.

그동안 우리는 물론 왜 어떤 진술의 진실성을 확실하게 규정하려는 다양한 시도가 그처럼 대단히 수고로운 것으로 밝혀지는지 그 이유를 안다. 어떤 사람이 특정한 순간에 거짓말을 하는지, 아니면 진실을 말하려 노력하는지 확실하게 알아볼 방

142

증이 될 징후에 어떤 것이 있는지 알아내려는 숱한 시도가 그동안 이루어졌다. 이런 징후 가운데 가장 잘 알려진 것은 눈맞춤이다. 거짓말하는 사람은 상대의 눈을 보지 못한다는 이야기는 소심한 모든 사람을 싸잡아 의심하는 낭설일 뿐만 아니라, 이미 오래전에 반박된 것이기도 하다. 특히 어떤 일을 기억하려는 사람은 더 잘 집중하기 위해 눈길을 돌린다. 독자 여러분도 어제 무엇을 먹었는지 떠올려보라. 반대로 거짓말하는 사람은 상대가 자기 말을 믿는지 의심이 갈 때 더 잘 거짓말을 하려고 상대방에게 눈길을 떼지 않는다. 그리고 매우 흥미롭게도 자기 말을 듣는 청자가 무엇을 주목하는지 아는 사람은 자기 시선을 상대에게 맞춰 조절할 줄 안다. 왜 우리는 이런 사실을 그처럼 늦게 주목하게 되었을까 하는 물음은 정말이지 새삼스럽게 다가온다.

내가 연구를 하며 겪었던 가장 충격적인 경험 가운데 하나는 아돌프 아이히만 재판에서 그에게 적용된 진실 징후 목록이다. 당시 이런 목록은 설득력이 있다는 이유로 널리 쓰였다. 아이히만은 이런 징후들을 모두 보여주었다. 그는 노련한 취조관으로 결국 진술을 들을 때 어떤 점을 주목해야 하는지 배웠기 때문이다. 또 히틀러가 총애한 장관 알베르트 슈페어 역시 필요할 때마다 진실성의 징후를 꾸며 보이는 대단한 재능을 자랑했다.* 우리는 역사를 되돌아보며 수십 년에 걸쳐 이뤄진 연구를 토대로 이 남자들이 거짓말을 했다는 것을 정확히 안다. 바로 그래서 우리는 처음부터 이들의 거짓말을 간파할 수 있지 않았을까 하는 안타까움을 품기도 한다. 그러나 배경을 염두에 두지 않고 이들이 하는 말을 들어본 사람은 인간이 거짓말쟁이라는 단어 아래 무엇을 떠올리는지 잘 아는 자가 하는 거짓말을 알아보기가 얼마나 어려운지 직접 체험하게 마련이다.

이런 수많은 경험은 법정 심리학에서도 낙관주의를 사라지게 만들어 진실성 징후 목록이 오늘날 비과학적인 것으로 받아들여지는 결과를 낳았다. 진실성의 징후는 물론 자의적이지 않고 체계적으로 응용한다면 분명 일종의 경향을 보여주기는 하지만, 확실한 연구 방법으로 자리 잡기에는 너무 많은 불확실한 요소가 있다.

진실과 거짓을 개인적 체험을 등급별로 나누어 구분해보려는 시도 역시 마찬가지다. 지어낸 이야기를 해주는 것은 자신이 실제로 느낀 것을 이야기해주는 것보다 실감을 자아내기가 훨씬 힘들지만, 아이들의 경우 등급별 구분이라는 방식은 비교적 잘 통하는 반면, 성인은 이야기 하는 솜씨와 개인의 연기 능력에 따라 얼마든지 꾸며낸 인상을 심어줄 수 있다. 법치 국가에서 진술은 약속된 절차에 따라 이뤄진다. 그래서 진술을 하는 사람은 자신이 무슨 말을 할지 연습할 충분한 시간을 가지며, 또 법적 조력도 받을 수 있다. 거짓말을 나타내는 기호에 무엇이 있는지 하는 모든 묘사는 거부할 수 없이 거짓말이 들통나지 않기 위해서는 어떤 것을 피해야 하는지 알려주는 결과를 낳

144

는다. 거짓말에 관한 기호를 다룬 지식이 일반 대중에게 얼마나 널리 알려져 있는가 하는 점은 오늘날 아이들이 재미있는 이야기에 가지는 높은 요구가 잘 보여준다. 예전처럼 악당이 착한 사람을 괴롭히다가 혼쭐이 난다는 식의 도식, 아예 이야기의 서두에서부터 분명히 드러나는 도식의 이야기를 오늘날 즐기는 사람은 아무도 없다. 우리는 진실과 거짓의 게임을 즐기는 데 푹 빠져 상상할 수 있는 모든 장치를 동원해가며 갈수록 더 섬세하게 다듬은 나머지 미스 마플**보다도 훨씬 더 복잡한 이야기를 원한다. 경찰과 특수요원의 이야기를 다룬 무수한 방송 드라마는 매일 저녁마다 우리에게 진짜 심문 기술은 물론이고 상상의 산물까지 그야말로 무궁무진하게 보여준다. 덕분에 성공적인 거짓말은 어떤 것이어야 한다는 우리의 기대치도 나날이 바뀐다.

15년 전 어떤 심리 테스트 자료를 열람해야 했던 나는 도서관 사서에게 이 자료를 보기 위해서는 특별 허가서가 필요하다는 이야기를 듣고 난감했던 적이 있다. 물론 내가 다음 날 범죄를 저지르기 위한 준비 작업으로 그런 자료를 손에 넣으려 했을 수는 있다. 또는 해당 연구를 조작하려고 하거나. 오늘날 이런 많은 자료는 저녁 시간의 드라마에 버젓이 등장하며, 인터넷에서도 아무 문제없이 검색해 다운받을 수 있다. 진술 심리학은 언제나 양면성이 있다. 한편으로는 밝히 알아보는 도구이지

** 미스 마플Miss Marple은 애거서 크리스티Agatha Christie(1890~1976)가 쓴 탐정소설에 등장하는 캐릭터다.

만, 다른 한편으로 이런 심리학은 암흑의 도구로 쓰일 수도 있다. 거짓 꾸밈이 어떤 사람이 지닌 불변의 특징이 아니듯, 진실의 징후 역시 끊임없이 변화한다. 진실이든 거짓이든 그 기호나 징후는 무엇보다도 한 가지 공통점이 있다. 기호는 인간이 고의적으로 다양한 목적을 위해 얼마든지 조작하고 꾸며낼 수 있다. 소통의 모든 가능한 수단 역시 마찬가지다.

　법정 심리학은 진실에 대한 법정의 실용적 관심에 봉사한다. 결국 관심의 대상은 거짓말이 아니다. 관심은 오로지 법정에서 증거 능력이 있는 사실에 집중된다. 이처럼 사실에만 집중하기에 법정은 까다로운 문제를 피하는 강점이 있다. 완전히 지어낸 이야기는 물론이고 명백한 거짓과 같은 거짓말의 특수 사례를 법정은 무시할 수 있기 때문이다. 오로지 진실에 관심을 가지는 사람은 누가 왜 거짓말을 하는지 물을 필요가 없다. 그는 거짓말 속에 담긴 진실만 가려듣기 때문이다. 성공적인 거짓말을 위해 거짓말쟁이가 자신이 아는 진실을 이용하는 한, 거짓말의 동기와는 상관없이 법정은 이 진실만 가려들으려 노력한다. 사실을 추론과 깨끗이 떼어내는 일에 집중하는 것은 이처럼 거짓말하는 사람이 되도록 신뢰를 얻어내려 자신이 아는 진실의 한 자락을 드러내기 때문에 적지 않은 소득을 얻는다. 그러나 사건과 관련한 진실 탐색에 집중하는 사법적 관심으로 조사와 심문을 하는 상황에서 얻어지는 경험은 다른 영역에 제한적으로만 적용될 뿐이다. 다시 말해 진실과 거짓말을 구분해보려는 전혀 다른 의도를 가진 우리에게 사법적 경험은 별 도움이 되지 않는다.

거짓말의 기억과 재구성

학문의 관심도 진실 탐색이기는 하지만, 사법적 진실 탐색과는 분명 성격이 다르다. 구두시험이 심문 상황처럼 보이며 수험생이 그런 느낌을 가진다 할지라도 학자는 언제나 함께 머리를 맞대고 하나의 대상을 논구한다. 학문의 이런 논구 방식은 누구라도 수긍할 수 있는 것이어야 한다. 학문이 중시하는 것은 인식이며, 동시에 이로써 모든 주장의 근거를 따질 궁극적인 기준점의 마련이다. 교통사고를 자기 관점에서 진술하는 증인과 달리 학문은 개인적인 사실 지식이 아니며, 누구나 언제라도 연구 성과를 재구성해볼 수 있도록 해당 주제를 다룬다. 바꿔 말해 학문의 특징은 모든 사람이 사실에 똑같은 접근 권리를 가질 수 있게 보장해준다는 점이다. 학문에서 거짓말쟁이는 자신보다 더 잘 아는 사람들에게 둘러싸이는 상황에 처한다. 학문에서 성공적으로 속이려는 사람은 사실을 만들어내야 한다. 곧 위조가 없이 거짓말은 성공할 수 없다. 오로지 '출판의 시뮬레이션', 즉 다른 사람에게 의사를 전달함으로써 속인다는 것은 동료들이 상호 통제의 의무를 소홀히 할 때에만 통한다. 동료들이 아무도 귀담아듣지 않거나, 최소한 지식에 대한 관심을 가지고 들어주지 않아야 거짓말은 성공할 수 있다. 학위를 가지고 사기를 치려는 사람은 최소한 되도록 사람들이 피곤해하는 주제를 고르고 또 주위의 주목을 끌지 않을 정도로 영리해야 한다.

재판이든 학문이든 두 경우 모두 왜 그리고 어떤 형식으로 우리가 누군가의 말을 경청해야 하며, 소통을 위해 어떤 기호 체계를 써야 하는지에 대한 명확한 규정을 따른다. 관련 당사자들이 서로 가지는 관심은 애초부터 명확하게 정해진 기능에 한정되며, 속임수를 되도록 배제해야 한다는 목적에 충실하려 노력한다. 이런 테두리 안에서 이뤄지는 만남은 기능적일 뿐만 아니라 인위적이기도 하다. 평소 우리는 전혀 다르게 만난다.

우리가 서로 가지는 관심이 복잡할수록, 그리고 우리가 매우 다양한 매체를 자유롭게 활용할수록, 그만큼 더 거짓말로 속이는 행위는 쉬워진다. 물론 우리는 어떤 사람을 충분히 잘 알게 되면 이런 위험이 줄어들 거라는 기대를 한다. 그러나 상대를 충분히 경험하고 친밀함을 키워갈수록 그에게 속일 기회를 제공한다는 점을 우리는 잊고 만다. 잠시 목적 동맹을 맺는 것을 넘어 인간적 친밀함을 키우려는 시도는 이런 위험을 각오하지 않으면 성공할 수 없다. 물론 거짓말 솜씨를 활용해 우리의 생각에 은밀하게 영향을 미치려는 사람을 경험한 경우 우리는 그를 경계하며 만남을 피한다. 이런 신중함이 사생활의 지혜라는 점은 부정할 수 없다. 그러나 거짓말에 속을 위험을 차단하는 예방 차원에서 만남을 피하는 결정은 매우 외로운 인생의 선택을 의미할 수 있다.

거짓말이 일단 세상에 등장한 뒤에 어떻게 하면 이 거짓말을 다시 없앨지, 또는 최소한 이 거짓말의 매력을 지워버릴 수 있을지 묻는 것은 전혀 다른 문제다. 그냥 간단하게 거짓말을 가능하게 만든 정황을 해명하면 되지 않을까 하는 곧장 떠오르는 해결책은 말처럼 쉽지 않다. 그게 거짓말이었구나 하고 이미

침묵으로의 거짓말 ─ 거짓말은 방향을 비트는 것이다

알면서 거짓말을 거론하는 사람은 거짓말이 나타나게 만든 조건 가운데 하나였던 그 사람이 더는 아니다. 나중에야 누구나 그럴 줄 알았다고, 적어도 짐작은 했었다고 주장한다. 돌연 무수히 많은 사소한 점들을 기억의 수면 위로 떠올리며 그게 바로 경고였다고 우리는 장담한다. 그때는 분명 간과했음에도 그때 무슨 생각을 하고 어떤 행동을 했으면 거짓말을 막을 수 있었다는 장담은 속은 사람의 입에서 흔히 듣는 말이다. 되돌아보는 눈길에야 모든 정황이 정연한 논리를 갖춘 것처럼 보인다. 그러나 이런 논리는 속은 사람이 처한 현재의 상황을 전혀 바로잡지 못한다.

돌연 모든 것이 거짓의 기호로 보이며 저마다 의미를 가진 것처럼 여겨지는 이유는 우리가 있는 그대로의 현실을 우리가 짐작하는 현실과 혼동한다는 데 있다. 그러나 짐작은 사실과 같은 비중을 가질 수 없다. 한 점의 의혹도 없는 논리를 상정해두고 시간을 거슬러 거짓말이 생겨난 정황에 이 논리를 짜 맞추는 태도는 이미 스스로 시야를 좁혀놓는 접근 방식이다. 우리가 현재 처한 현실과 갈등이 빚어지는 것을 피하기 위해 기억을 이런 식으로 교정하는 태도는, 무엇보다도 원인과 결과라는 틀에 맞추어 의미를 찾는 물음을 거의 피할 수 없이 우리의 가장 복잡한 사고 능력과 얽히게 만들기 때문에 생겨난다. 가장 복잡한 사고 능력은 곧 목적을 설정하고 모든 것을 이 목적에 맞추어야 직성이 풀리는 우리 인간의 기벽이다. 목적을 뜻하는 그리스어가 '텔로스'télos이기 때문에 우리는 이런 사고 능력을 '텔로스 판단력'이라 부른다.*

거짓말은 사실로 존재한다

목적 지향적으로 생각할 줄 안다는 것은 의도를 가진 행동, 목적을 설정하고 이에 맞춘 행위의 전제 조건이다. 또 목적 지향적 사고방식은 기회를 노리며 원인과 근거와 구조를 따지게 만드는 도구이기도 하다. 어떤 사람이 무엇을 이해하고 싶다고 말하는 것의 뜻은 정확히 이렇다. 나는 어떻게 그리고 왜 어떤 것이 지금 그대로의 모습이 되었는지 하는 것만 알고 싶은 게 아니오. 나는 또 그것이 앞으로 어떻게 될지 알아야 하겠소. 우리가 개념적 파악이라고 부르는 것은 사물을 직접 다루는 태도와 별 관계가 없다. 인간은 겉으로 보기에 사소한 것을 알아내려 할 때조차 이미 맥락을 생각한다. 미국의 철학자 찰스 샌더스 퍼스는 이런 사정을 1905년에 다음과 같은 문장으로 표현했다.

"당신이 개념으로 파악하는 대상이 우리의 생각과 따로 떨어져 있는 실제 대상과 얼마나 맞아떨어지는지 고찰해보라. 이 고찰이 주는 답은 실제 대상은 결국 당신이 가진 대상 개념으로만 파악될 뿐이라는 것이다." 다시 말해 개념 그 이상의 실제 대상이라는 게 무엇인지 우리는 알 수 없다. 대상이 길거리의 하찮은 돌멩이라 할지라도 이미 문제는 이처럼 복잡해진다. 우

● 철학은 '의도를 가진 목적'인 télos와 '실천해야 마땅할 목표'인 finis를 구별한다. télos의 번역어임 직한 '목적론'은 이런 차이를 드러내지 못해, '텔로스'를 그대로 썼다.

리는 그냥 간단하게 사물을 눈으로 보고 파악하지 않는다. 세상의 대상이 그냥 간단하게 우리 의식 속으로 들어오는 것이 아니다. 우리는 언제나 이 대상을 파악할 조건을 함께 생각한다. 텔로스 사고방식은 도대체 우리가 무엇을 보는지 함께 결정한다.

우리의 감각지각 역시 언제나 지향적이다. 귀로 듣고 눈으로 보며 손으로 만져보는 것도 본질 파악이라는 목적을 지향하기 때문이다. 또 그래서 우리는 세상을 저마다 다른 방향과 관점으로 바라본다. 모든 관점을 아우르는 절대적 관점이라는 것은 없다. 우리는 저마다 자기 입장에서 다르게 보며 또 많은 경우 바로 그래서 더 잘 볼 수 있기도 하다. 우리가 거짓말에 속는 결정적인 원인이 이것이다. 또 거짓말이 거짓말하는 사람의 의지 혹은 말 이상의 것인 이유도 이것이다.

우리의 감각이 받아들인 인상은 다른 사람이 그 인상과는 차이가 나는 말을 해주었다고 해서 사라지지 않는다. 흔히 사랑이나 거짓말이 눈을 멀게 만들었다는 표현은 바로 그래서 정확하지 않다. 오히려 우리는 지향점이 약간 변하는 경험을 한다. 우리는 여전히 동일한 사물을 보며 그 의미도 알아보지만, 그것에 예전과는 다른 비중을 둔다. 거짓말쟁이를 두고 우리가 눈치채지 못하게 방향의 좌표를 바꾸려 한다는 말은 그래서 나온다. 우리는 여전히 두 눈으로 보며 스스로 생각하기는 하지만 거짓말에 무슨 특별한 의미가 있는 게 아닐까 하는 생각으로 영향을 받아 맥락이 달라진다. 마치 누군가 도시의 방향 표지판을 돌려버린 것과 같은 상황이다. 우리는 도로 표지판이 무엇을 위해 있으며, 어떻게 이용하는지 알고 표지판을 찾아 읽지만, 누군가 우리가 방향을 찾으려는 것을 이용한다는 생각은 하지 못한다. 엉뚱한 장소에 서 있다는 것을 깨닫는 순간에도 우리는 어떻게 해서 방향을 잘못 잡게 되었는지 여전히 이해하지 못한다. 더욱 나쁜 상황은 표지판처럼 보이는 것이 그 구실을 하지 못하고 있다는 것을 알아차리기까지 우리가 계속 틀린 방향으로 헤맨다는 점이다. '표지판'은 철판에 그저 글자와 기호를 새겨 세워둔 것이 아니라 그 분명한 목적을 가지고 있다는 믿음을 우리가 쉽게 버리지 못하기 때문이다. 거짓말을 경고하고자 그 정체를 밝히려는 사람이 주의 부족과 앎의 결여를 운운하거나 기호라는 것이 위험한 줄 몰랐냐고 비난한다면 그의 의도는 성공하기 힘들다. 우리는 여전히 기호에 의존하기 때문이다. 거짓말은 누군가 절박한 의문을 품고 있을 때 그 답을 주는 것이어야 거짓말일 수 있다. 사람은 절박한 나머지 속을 위험을 감수하는 바로 그런 이유로 속는다.

거짓말을 감지하거나 막을 방법을 찾으려 할 때 바로 그래서 우리는 거짓말과 거짓말하는 사람만 생각해서는 안 된다. 우리는 거짓말을 세상의 여느 다른 대상과 마찬가지로 간단히 호기심으로 다루어야 한다. 구체적인 거짓말을 읽는다는 것은 그것이 어떻게 생겨났는지 추측과 짐작을 하는 것이 아니라, 그 거짓말이 존재한다는 사실을 진지하게 받아들여야 함을 뜻한다. 거짓말이 사실로 존재한다고 인정해야만 거짓말이 무엇인지 알 수 있는 길이 열린다. 그리고 이런 앎은 사람들이 자발적으로 서로 나누기를 꺼려하는 것이다.

우리는 누구를 믿는가

"……가짜 그림에는 언제나 거의 낙관이 찍힌
다. 아니 심지어 낙관으로 우리는 가짜 그림을
알아본다. 오로지 정직한 시민들의 신분증만 시
빗거리다."

— 블라디미르 장켈레비치(프랑스 철학자),
『거짓말에 대하여』(1942)

영향과 믿음

다른 사람이 우리의 확신에 미치
는 영향력이 얼마나 큰지 하는 물음의 답은 우리가 대답할 수
있다고 여기는 것 이상이지 않을까. 심지어 우리가 개인적으로
중요하게 여기는 인물과 비슷한 생각을 하고 결정을 내리는 것
을 보면, 우리는 대체 무엇이 이런 영향력을 만드는지 의아하
기만 할 따름이다. 특히 호기심을 가지고 세상을 알려고 하면
서 이성적인 결정을 내리려 노력하는 사람은 결국에 가서 세상
과 이성과는 다른 어떤 것이 자신에게 영향력을 미친 것은 아닐
까 하는 의문에 아리송하기만 하다. 내가 아리스토텔레스, 르
네 데카르트, 이마누엘 칸트를 그토록 중시하는 것은 내가 존경
한 스승들의 입을 통해 이런 이름들을 들었기 때문은 아닐까?

153

그럼 스승 가운데 어떤 분도 카를 야스퍼스와 한나 아렌트를 이야기하지 않았음에도 왜 나는 이 두 철학자를 중시하게 되었을까? 교양소설을 좋아하는 사람은 마치 중대한 비밀을 이야기해주는 것처럼 어떤 책을 알려준 사람과의 만남이 큰 영향력을 발휘해 교양에 눈뜨게 되는 아름다운 스토리에 감격해할 것이다. 하지만 기억이 장난을 치거나, 그냥 진부한 이야기를 그런 식으로 써놓아 속은 것은 아닌지 누가 장담할 수 있는가? 자신이 살아온 인생 역정을 반추해보아도 이처럼 수수께끼로 남는 영향력 문제는 다른 사람의 인생을 관찰해서는 도무지 답을 얻어낼수 없을 것처럼 보인다.

오로지 단 하나의 유일한 사례에서만 우리는 무엇 때문에 어떤 특정한 생각을 품게 되었는지 확실한 답을 찾아낼 수 있다. 우리는 거짓말로 우리를 속인 어떤 사람을 믿었기 때문이다. 우리가 아는 거짓말은 언제나 우리가 누구를 믿으려 했느냐하는 물음의 답이기도 하다.

거짓말의 출발은 거짓말한 사람이기 때문에 거짓말을 지어낸 흔적은 추적할 수 있다. 오늘날처럼 거짓말이 인터넷을 통해 퍼지는 상황에서 추적은 더욱 용이하다. 조금만 수고를 하면 거대한 데이터뱅크에 접근할 필요도 없이 지어낸 이야기의 원천은 대개 빠르게 확인할 수 있다. 누가 진범인지 하는 것까지는 아니더라도 최소한 거짓이 인터넷에 공개된 시점만큼은 쉽게 알 수 있다. 연쇄작용처럼 순식간에 퍼져나가는 것은 생명체에 침투하는 바이러스와 비교되곤 한다. 인간이 19세기에 바이러스와 박테리아를 묘사하는 것을 배우기 시작한 이래, 우리는 두려움을 자아내는 것인 동시에 경멸의 시선으로 바라보고 싶은 것을 바이러스로 비유해왔다. 인간이나 어떤 특정 행동을 바이러스로 비유할 때 어떤 결과가 빚어지는지는 역사가 가르쳐준다. 퇴치하고 파괴하라는 외침이 울려 퍼지기까지 대개 시간은 오래 걸리지 않는다. 그러나 두려움을 자아내는 것을 두고 "바이러스와 같은 거짓말의 확산"으로 비유하는 것이 잘못된 이유는 이뿐만이 아니다. 알고리즘은 거짓말을 지어낼 수 없으며, 더욱이 퍼뜨리지도 못한다. 메신저가 할 수 있는 유일한 것은 네트워크에 기호를 복제하는 것일 뿐이다. 컴퓨터는 마치 인간처럼 행세하는 것 같은 인상을 준다 할지라도 거짓말이 생겨나기에 필수적인 것을 할 수 없다. 컴퓨터는 방향을 묻지 않으며, 믿는 일은 더더욱 없다.

거짓말이 어떻게 퍼져나가는지 묻는 사람은 가지 뻗기라는 표현을 쓴다. 이때 가지는 분명 인간을 뜻한다. 거짓말이 퍼져나가는 형태가 항상 계산 모델을 떠올리게 할지라도, 거짓말 확산의 모든 접점은 인간의 결정이다. 계산 모델을 들먹이는 것이 불가피하다는 말은 허용될 수 없는 단순화이다. 아마도 이런 단순화는 그만큼 거짓말의 유포를 막을 절박함이 크다는 것을 분명히 하기 위함일 것이다. 그러나 모델로 단순화하는 것은 무엇보다도 정확히 강조되어야 할 바를 숨긴다. 거짓말은 인간이 퍼뜨리기 때문에 확산된다. 그래서 상황이 개선되기를 정말 간절히 원하는 사람이라면, 그 접점을 이룬 개인들을 일일이 찾아다니며 왜 그런 짓을 하는지 물어야 한다.

애매한 메시지를 주는 사람

인간이 거짓말에 속는 주된 이유는 어떤 메시지의 발신자를 두고 판단을 내리는 습관을 가졌기 때문이다. 실제로 이 판단이 모든 것을 좌우한다. 발신자가 믿을 만하다고 여기면 우리는 그 메시지도 진실이라고 기대한다. 소식의 출처가 믿기 어렵다는 판단이 들면 우리는 거짓말을 예상한다. 이런 판단이 몰고 올 결과가 얼마나 심각한지 의식하는 사람은 극소수다. 의식한다면 정보 매체의 성숙한 이용자는 이런 가짜 정보를 믿기 전에 의도적으로 퍼뜨리는 이 가짜 정보가 어디서 비롯되었는지 먼저 알아내야 한다. 그러나 먼저 알아내야 한다는 경고만으로 거짓말을 막을 수 있다는 믿음은 경솔하고 순박하기 짝이 없다.

약 2500년 전 헤로도토스는 당시 사람들이 입에 달고 살다시피 하던 델피의 신탁 이야기를 들려준다. 이 이야기가 우리의 주제와 관련해 흥미를 끄는 점은 서구 문화의 첫 번째 역사 기술가로 꼽히는 헤로도토스가 "있는 그대로를 말하라"라는 경고를 자기 신조로 삼았다는 사실이다. 사람들은 뭔가 특별한 성과를 올렸다는 자부심을 가질 때에 신조라는 것을 들먹인다. 어쨌거나 이야기의 내용은 이렇다. 기원전 546년에 리디아의 왕 크로이소스는 쉽사리 결정을 내리지 못하고 고민하던 끝에 신탁을 물었다. 당연히 고민거리는 전쟁이었으며, 왕은 이 싸움에서 승리할 수 있는지 알고 싶었다. 자신을 통해서만 신의 말씀을 들을 수 있다는 주장으로 사람들의 마음을 사로잡는 데 성공한 델피

신전의 여 사제 피티아는 늘 하듯 딱 한마디만 했다. "크로이소스는 할리스강을 건너면 하나의 거대한 제국을 파괴하리라."

거짓말을 다룬 책을 읽고 있는 독자 여러분은 피티아가 무슨 뜻으로 그런 말을 했는지 알고도 남을 것이다. 어쨌거나 이 이야기가 틀림없이 거짓말을 다룬다고 보고, 역사 기술가로서 헤로도토스에게 의심을 둘 수 없다면, 이제 거짓말의 혐의는 피티아의 몫이 될 수밖에 없다. 그렇다면 우리는 두 가지 관점을 염두에 두어야 한다. 왕은 피티아가 단순한 메신저가 아니라, 앞으로 무슨 일이 일어날지 정확히 아는 누군가의 말을 고스란히 전해주리라는 기대를 안고 그녀를 찾아갔다. 왕의 이런 관점은 거짓말을 가능하게 한 첫 번째 원인이다. 또 다른 관점은 이 이야기가 거짓말을 다룬 것이라는 기대를 가지고 읽는 독자 여러분의 것이다.

아무런 첨삭 없이 신탁을 읽는 사람은 이 신탁의 내용이 이중의 의미를 지닌다는 점을 확인한다. 신탁은 마치 'FC 바이에른 뮌헨'이 '함부르크 SV'의 홈구장으로 원정을 가면 참패를 경험하게 될 것이라는 말과 똑같다. 참패를 당하는 쪽이 어디인지 이런 말은 전혀 밝히지 않는다. 고대의 전투가 무승부로 끝나는 경우는 지극히 드물었기 때문에 피티아는 결국 자신의 신탁이 어떤 경우에든 맞을 거라고 확신했을 것이다. 신탁이라는 거래는 언제나 이런 애매함 덕분에 통한다. 물론 이런 꼼수는 돈을 지불하는 고객의 기대를 무너뜨린다. 바로 정확히 이런 상황이 도대체 속는다는 일을 가능하게 만드는 판단을 낳는다. 크로이소스는 신탁을 묻는 것이 좋은 생각이라고 전제했다. 다시 말해 그는 이중적이지 않은, 단 하나의 의미가 있는 예언을 기대했다. 그 밖에도 크로이소스는 신탁이 자신을 위해, 곧 그의 관점에서 내려지리라는 기대를 품었다. 지극히 당연한 일이지만 자신이 품은 물음에 주어지는 답은 자기 구미에 맞는 것이어야 한다.

만약 독자 여러분이 나에게 『사악한 생각』을 구입해야 하는지 묻는다면, 물론 나는 이렇게 대답할 것이다. "책을 구입하면 분명 여러분은 소득을 얻을 것입니다." 소득이라는 말에 가장 먼저 서점 주인의 소득을 떠올릴 사람은 아무도 없다. 지금 우리 책의 제목이 『거짓말 읽는 법』이라는 점을 기억해낸 독자는 '소득'이라는 애매한 표현을 쓴 나의 의도를 짐작하고도 남을 것이다. 그리고 당연히 크로이소스는 자기 왕국을 파괴할 것이라는 점과, 보통은 바이에른 축구팀이 함부르크 축구팀에 참패를 안긴다는 점도 독자 여러분은 알 것이다.

누군가를 쉽게
거짓말쟁이로 판단하는 것도 문제다

놀라운 점은 상대의 기대를 이용해 속이기 위해서는 여러 의미를 담은 애매한 말이 전혀 필요하지 않다는 사실이다. 어떤 사람의 신뢰도를 보는 우리의 판단은 이미 그가 무슨 말을 하기도 전에 믿을지 말지를 이미 결정한다. 어떤 신문을 '거짓 언론'이라고 보기로 일단 결정한 사람은 해당 신문의 기사 제목만 보아도 이미 부정적인 평가를 내린다.

특히 이 경우에는 어떤 개인만이 아니라 해당 언론사의 기자들을 싸잡아 우리를 속인다고 하는 비난이 설득력을 얻는다. 그러나 인간은 플러스와 마이너스를 이용해 계산할 줄 알기 때문에 거짓말을 하려는 사람은 이미 이런 신뢰도 판단을 계산에 고려한다. 이런 계산은 아이들이 좋아하는 게임과 같다. 내가 누군가를 속이려 하고, 그가 나를 믿는다면, 나는 목적을 달성한다. 내가 이미 거짓말을 한 적이 있다는 기억을 그가 떠올리지 않는 한에서.

믿어주지 않는다 하더라도 진실을 가지고 노는 일은 다양한 방법으로 꾸밀 수 있다. 어차피 믿지 않을 것이기에 아예 나는 진실만 말해주는 것으로도 속일 수 있다. 그러나 그가 내 말을 거짓으로 여길 것을 알고 내가 오로지 진실만 말한다고 그가 예상하는 경우에 나는 아예 거짓말로 일관할 수도 있다. 그럼 그는 내 말을 진실로 여길 테니까……. 다만 아이들은 이런 계산에 항상 신뢰할 만한 값이 숨어 있다는 것, 곧 오로지 단 하나의 의미만 있는 표현이 계산에 활용된다는 점을 모를 뿐이다. 어른은 이런 신뢰값을 알면서도 잊어버린 것처럼 꾸민다. "거짓말쟁이"라고 부르는 일이 대개 모욕으로 간주되며, 또 모욕은 사법적 결과를 초래할 수 있다는 점을 염두에 둔다 할지라도, 우리가 어떤 사람을 거짓말쟁이로 불러도 되느냐 하는 물음은 윤리적인 문제가 아니다. 진실을 전술적으로 다루는 일은 물론이고 거짓말로 더욱 그럴싸한 거짓을 꾸며 보이는 일도 얼마든지 가능하기 때문에 우리가 더욱 주의해야 할 점은 누군가를 거짓말쟁이로 부르려는 우리의 결정이, 누군가 믿을 만하다고 여기는 우리의 판단만큼이나 확실하게 거짓말에 속는 환경을 만들어낸다는 사실이다. 중요한 것은 저기 도로 표지판이 있는데, 누군가 이 표지판을 간단하게 돌려버렸다는 사실이다. 사람들이 자신을 확실하게 믿지 않기를 원하는 인간, 심지어 공공연하게 거짓말쟁이라는 욕설을 듣고 싶은 인간은 진실을 말해준 다음에 사람들, 특히 비판적인 사람들이 어떻게 자발적으로 속으려 안간힘을 쓰는지 지켜볼 수 있다.

확신한다는 착각

빠져나갈 길이 없는 전형적인 딜레마처럼 보이는 이런 상황은 그러나 아주 간단하게 피할 수 있다. 사람들 사이에 신뢰도를 묻는 물음이 익숙한 것이라 좀체 떨칠 수 없다고 하더라도, 이 물음의 답을 성급하게 찾으려 하지 말고 다른 관점은 없는지 조금만 고민해보아도 상대의 말을 비판적으로 경청할 수 있는 깨인 정신을 우리는 쉽게 가질 수 있다. 진실을 찾는 사람, 곧 자기 행동을 결정할 확신을 찾는 사람은 오로지 한 가지만 유념하는 것으로 충분하다. 다른 사람들의 말에 휘둘리지 않을 자기 확신, 자기만의 결정으로 행동할 근거를 찾자.

인간이 서로 상대에게 내리는 판단을 조작하고 전술적으로 이용하는 것, 곧 거짓말쟁이의 가장 강력한 도구가 통하는 이유가 단순히 우리의 서로 신뢰하는 상호관계만은 아니다. 거짓말쟁이가 자신에게 유리하게 이용하는 것은 정확히 우리가 설득과 확신을 구별하려고 하는 특징이다. "설득은 단순한 가상이다." 칸트는 이렇게 말문을 뗀다. "판단의 근거는 오로지 주관 안에 있음에도 객관적인 것처럼 여기게 만드는 가상이 곧 설득이다. 그래서 판단은 개인적인 타당성만 가질 뿐이며, 무엇을 진실로 여길 것인지 하는 문제는 의견을 주고받는 소통의 대상이 될 수 없다."[•]

인간은 자신이 홀로 어떤 의견에 설득된 것인지, 아니면 스스로 확신을 가지게 된 것인지 구별할 수 없다. 설득당함과 확신은, 어쨌거나 실제 테스트의 결과가 보여주듯, 모두 똑같은 느낌을 준다. 내가 참으로 여기는 것에 대한 근거를 가졌는지 하는 사실 여부가 설득당함과 확신의 차이를 만들지 않기 때문이다. 오히려 이런 차이는 판단을 떠받들어주는 근거를 내가 어디에서 얻었느냐 하는 것일 뿐이다. 근거가 오로지 내가 생각해 낸 것일 뿐이라면 나는 이 근거를 다른 사람에게 제시하고 그도 나와 똑같은 결론을 내리는지 지켜볼 수 있다. 다시 말해 우리는 내가 가진 근거가 다른 사람의 생각에도 똑같은 효과가 있는지 테스트해야 한다. 그러나 거짓말쟁이는 그저 지켜보는 것을 넘어 자신이 확신하는 어떤 것을 우리에게 설득하려 든다. 더욱이 이 설득을 위해 거짓말쟁이는 갖은 술수를 구사한다. 바로 그래서 우리는 설득당했으면서도 자신이 참으로 여기는 것이 확신이라는 착각에 사로잡힌다. 그러나 앞선 테스트가 보여주듯 설득당함과 확신은 전혀 다른 것이다. 우리가 자신의 사유

[•] 칸트, 『순수이성비판』, B 848, A 820.

과정을 은근히 암시하고서도 일일이 설명하지는 않았다는 핑계를 들이대며 상대방이 같은 생각을 가지게 되어 축하한다는 식의 혼동이 빚어지는 이유는 설득과 확신의 차이를 구별하지 않는 데 있다(심지어 아주 교활한 사람은 상대방에게 마침내 이해할 수 있게끔 설명해주어 고맙다고 너스레를 떨기도 한다). 한 명 또는 심지어 여러 명의 사람들이 동의해주었다는 점 때문에 어떤 진술이 보편 이성으로 타당성을 확보하는 것은 분명 아니다. 그럼에도 두 경우를 혼동하는 것은 이처럼 설득과 확신의 차이를 구별하지 않아 생겨나는 일이다. 칸트가 생각한 보편 이성은 우리 생각에 동의해줄 충분한 수의 사람들을 찾아냈다는 것을 뜻하지 않는다. 칸트는 글자 그대로 사람이라면 누구나 확신할 수 있어 동의하는 것, 그저 설득당한 것이 아니라 자신도 확신할 수 있어 동의하는 것을 보편 이성이라 불렀을 따름이다.

거짓말과 그 유포를 더 자세히 경험하고 싶은 사람은 우리가 누군가를 평가할 때 무슨 행동을 하는지 보다 더 철저히 고찰해야 한다. 이런 고찰의 한 방법은 역사의 거짓말을 살펴보는 것이다. 역사에서 위세를 떨쳤던 거짓말은 우리가 누구를 믿기로 결정했는지 하는 물음의 답을 이미 담고 있다. 또 거짓말쟁이가 자신이 거짓말을 하면서 이런 결정을 어디까지 고려했는지 하는 물음의 답도 역사의 거짓말에서 찾을 수 있다. 정확히 그래서 거짓말은 역사학이 관심을 가져야 하는 대상이다. 거짓말은 한때 인간이 다른 사람을 실제로 어떻게 보았는지 고스란히 담아 보존한 기록이기 때문이다.

우리는 무엇을 믿는가

지식, 믿음, 의견

어떤 사람이 믿을 만하다고 결정했다고 해서 우리가 그 사람의 입에서 나오는 모든 말을 곧이곧대로 받아들이는 것은 물론 아니다. 다른 사람의 모든 표현을 단순하게 받아들이기에 어떤 이야기라도 아이에게 해줄 수 있는 유아기의 발달 단계는 시간적으로 제한된다. 이해할 수 있는 인지 능력을 학습하는 일은 이 시기에 집중적으로 이뤄진다. 아이를 키워본 부모라면 익히 알듯, 이 단계는 아쉽게도 대단히 빠르게 지나간다. 이후에는 지칠 줄 모르고 이어지는 비판적인 캐물음의 단계가 시작된다. 결국 우리 모두는 언제부터인가 인간이라면 누구나 착각에 사로잡히며, 이런 착각에 빠지는 혼란스러운 날에는 제아무리 영리한 사람이라 할지라도 허튼소리를 한다는 것을 깨닫는다. 그럼에도 거짓말은 정확히 다른 사람이 참이라고 여기는 것을 노린다. 거짓말하는 사람은 상대방이 참이라고 여기는 것을 근거 없는 것으로 여기고 이를 가지고 논다. 바로 그래서 우리는 우리가 참이라고 여기는 것의 객관적 근거를 찾기가 쉬운 일이 아니라는 착각에 사로잡힌다.

우리가 사람을 상대하는 가장 간단한 방법은 진실에 대한 관심을 보여주는 것이다. 우리는 다른 사람에게 간접적으로 지식을 얻어내고 싶기 때문이다. 간접적으로 지식을 얻어낸다는 것은 곧 우리 자신이 언제라도 직접 만들어낼 수 있는 지식을 상대의 경험을 통해 손쉽게 얻으려 하는 것을 뜻한다. 결국 우리는 지식에 이르는 지름길을 원한다. 이런 태도에 원칙적으로 비난할 점은 없다. 땅바닥이 젖었는지 알아보려고 모든 인간이 몸소 물웅덩이를 절벅거리며 뛰어야 하는 것은 아니기 때문이다. 물론 간접 경험을 통한 지식 습득은 직접 하는 경험으로 지식을 얻는 방법이 어려워지는 지점이 어디인지 나타내준다. 우리는 동시에 모든 곳을 찾아다니며 이른바 지식이라고 하는 것을 직접 습득할 수 없다. 많은 경우 우리는 다른 사람이 경험한 것을 통해 어떤 것의 실상에 접근할 수밖에 없다. 물론 몸소 부딪치기가 싫어서 기꺼이 간접 경험을 원하는 경우도 있기는 하겠지만.

어쨌거나 무엇을 참으로 여긴다고 말할 때 우리는 등급을 가지는 차이를 주목해야 한다. 이마누엘 칸트는 참으로 여기는 것의 세 가지 단계를 구별해보자고 제안했다. 이런 제안에는 인간이 참으로 여긴다고 말하는 것이 어떤 단계에 속하는 것인지 개별적 사례마다 의식해보자는 요구가 맞물려 있다.

앎, 곧 '지식'은 인간이 주관적으로든 객관적으로든 의혹을 배제할 충분한 근거를 가지는 것이다. 다시 말해 '지식'은 관심의 대상이 되는 것을 두고 철저히 성찰해보거나 직접 두 눈으로 살피려고 노력하는 사람이라면 누구에게나 확신할 수 있는 것이어야 한다.

'믿음'은 우리가 반드시 밝혀야 하는 객관적 근거가 충분하지 않다는 것을 알더라도 주관적으로는 근거가 충분하다고 여기는 것이다. 믿음은 내가 거기에 많은 것을 걸 각오를 할 정도로 나에게는 충분하지만, 동시에 다른 사람이 이 믿음을 반대할 근거 있는 의심을 제기할 수 있다는 점을 의식하는 것이다.

'의견'은 객관적으로든 주관적으로든 근거가 충분하지 않음에도 우리가 참으로 여기는 것이다. 그래서 나는 의견이 나에게 확신을 심어주지 못함을 의식한다.

참으로 여기는 것의 이 세 가지 단계는 저마다 맞춤한 사례가 있다. 대개는 우리 자신이 만들어내거나, 우리가 성찰하는 대상의 본성 탓에 생겨나는 사례이다. 참으로 여기는 것의 세 단계의 차이는 서로 혼동되지 않는 한, 전혀 문제가 되지 않는다. "순수 수학에서 의견을 가진다는 것은 말이 되지 않는 이야기다." 칸트의 육성이다. "순수 수학에서는 그 답이 정확하거나, 답을 알 수 없다면 모든 판단이 유보되어야 한다."● 모든 직각삼각형에서 빗변 길이의 정사각형 면적은 나머지 두 변의 길

●　칸트, 『순수이성비판』, B 851, A 823.

이로 각각 만들어진 사각형 면적의 총합과 같다는 피타고라스의 정리를 잘 모르는 학생이 있다고 해서 토론, 즉 학교에서 기꺼이 허용해야 마땅한 토론이 벌어져야 하는 것은 아니다.

거꾸로 참을 수 없이 불편한 어지러움을 어떻게 하면 낫겠느냐는 물음에 의사가 자기 개인적 의견을 제시한다면 우리는 전혀 만족할 수 없다. 우리는 의사의 진단과 처방이 정확한 것이기를 바란다. 물론 처방이 실제로 효과를 보여주리라는 기대와 함께. 남편이 집 안에서 실험을 한답시고 닥치는 대로 접시를 집어던지는 것을 두고 우리는 능력이 있다고 말하지 않는다. 비록 우리가 인간의 몸은 아주 복잡한 것이어서 모든 반응을 정확히 예측할 수 없다는 점을 인정하기는 할지라도 그런 미치광이 짓이 남편 몸의 뛰어난 능력을 보여주는 것은 분명 아니다. 진실에 대한 관심을 가지고 누군가에게 접근하는 사람은 적어도 상대방이 자기 표현은 의견이거나 믿음이거나 지식이라고 명확히 말해주기를 기대한다. 어느 모로 보나 매우 급한 게 분명해 보이는 사람이 나에게 담토어 역*으로 가는 가장 빠른 길을 묻는다면, 그는 나에게 그 길을 대충 안다는 의견이나 믿음이 아니라, 실제로 정확히 아는 답을 기대한다. 주소를 두고 의견을 말하는 것은 터무니없이 부족하기 때문에 더 정확히 하기 위해서 우리는 차라리 지도를 펼쳐놓고 역의 위치를 확인해야 한다.

● 함부르크의 주요 역들 가운데 하나.

거짓말을 하고자 하는 사람이 일 반적으로 무엇을 노리는지는 아주 분명하다. 거짓말하는 사람 의 목표가 의견 교환은 아니다. 의견은 어떤 행동을 할지 하는 결정의 근거로는 적절치 않음을 우리는 알고 있기 때문이다. 조 작하려는 의도로 다른 사람에게 개인적 의견을 말해준다고 해 서 얻을 것은 거의 없다는 점을 모르는 사람도 있을까. 내가 어 떤 사람에게 솔직하게 내 생각은 믿음일 뿐이라고 인정하고, 그 에게 함께 문제를 생각해보자고 제안할 수는 있다. 이런 경우 우리는 나의 확신, 아주 많은 경험이 밑받침이 된 것이라 할지 라도 믿음일 뿐인 확신을 따르는 공동 실험을 감행한다. 물론 지식은 한 점의 의혹도 없는 것이어야 한다는 요구를 만족시켜 야 한다. 그래서 알지 못하는 사람은 못 배운 사람으로, 지식을 믿으려 하지 않는 사람은 가르칠 수 없는 사람으로, 지식을 믿 을 수 없는 사람은 인지 능력에 이상이 있는 사람으로 취급받게 마련이다.

인간은 실제로 참으로 여김의 두 번째 부류, 곧 믿음만으로 도 얼마든지 잘 지낼 수 있다. 이런 방식으로 우리는 지극히 다 양한 목적을 위해 개별 지식을 조합해가며 아이디어를 실험해 보고 경험을 담은 배낭을 메고 새로운 영역을 성공적으로 탐색 하기도 한다. 믿음을 토대로 행동한다는 점을 의식하는 한에서 이 행동의 변호가 그다지 설득력이 없다 할지라도 우리는 전혀 문제 삼지 않는다. "거짓을 진실로 받아들이다"eine Lüge für die

Wahrheit nehmen라는 독일어 숙어는 의식적인 믿음과, 믿음과 지식의 혼동 사이에 어떤 차이가 있는지 아주 잘 담아낸다. 정확히 거짓말쟁이는 그가 우리에게 암시해주는 것을 우리가 진실로 받아들이도록 노린다. 곧 우리가 그의 말을 단순한 가설 이상의 것으로 믿고 행동하기를 바라는 것이 거짓말쟁이의 목표다. 가설의 경우 그것이 진실인지 일단 시험해보아야 한다는 의식적인 신중함을 우리가 보이기 때문에 거짓말쟁이는 달갑게 여기지 않는다. 물론 거짓말쟁이는 우리가 자신이 한 행동이 확신에 따른 것이라고 생각하게 하는 능력을 필요로 한다. 그러니까 조작으로 거둘 수 있는 최대의 효과는 믿음과 의견과 지식을 되도록 교묘하게 뒤섞어 상대방이 어쩔 수 없이 착각에 빠지게 만들 때 일어난다. 우리가 지혜롭게 다른 대화 상대자를 찾지 않고 거짓말을 진지하게 받아들일 때 거짓말쟁이는 쾌재를 부른다.

이마누엘 칸트는 사람들에게 참으로 여김의 이 세 가지 단계들을 명확히 구분함으로써 모든 종류의 협잡꾼으로부터 자기를 보호할 수 있어야 한다고 거듭 힘주어 강조하는 것으로 평생을 보냈다. 인간은 자신의 인식 능력으로는 도무지 알 수 없는 게 있다는 것을 헤아리는 깨달음만으로도 대단히 많은 것을 올바로 가려볼 수 있다. 이를테면 어떤 사람이 흥미로운 것이 있다고 접근해올 때 정작 우리는 누구의 말을 귀담아들어야 하는지 정말이지 막막하기만 하다. 진실 탐색이 해를 끼치지는 않는다는 점, 최소한 탐색 덕에 자신이 무엇을 모르는지 정확히 알 수 있다는 것, 심지어 진리라고 주장되는 것이 믿음의 수준에도 이르지 못한 의견일 뿐이라는 확인은 소크라테스 때부터 이미 인생에서 배움의 기회를 선사하는 열쇠로 여겨져왔다. 소크라테스와 칸트의 이런 가르침을 몸소 익힌 사람은 자기 지식을 끊임없이 경험과 신중한 생각함으로 확장하려 노력하기 때문에 실제로 속는 일이 좀체 없다. 그러나 최대한 신중을 기한다 할지라도 전문 지식을 갖춘 게 분명한 사람이 거짓말을 하는 영역에서는 누구도 그의 말을 검증할 수 없다. 검증이란 우연한 사건을 자기 경험에 비추어 그 속내를 확인하며 자신이 무엇은 알고 무엇은 모르는지 살피는 자아 성찰을 통해 지식을 체득해가는 것을 뜻한다.

물론 우리는 누군가 자신이 직접 체험한 것이라며 지어낸 이야기에 맞설 최소한의 조치는 취할 수 있다. 현장을 직접 찾아가 두 눈으로 확인해보며 증인들에게 증언을 청취해볼 가능성은 열려 있기 때문이다. 그러나 누군가 우리에게 자기 믿음이나 소망, 심지어는 자기 마음대로 지어낸 이야기를 들려준다면 우리는 이에 대비할 아무런 방법이 없다. 우리에게 남는 것은 오로지 그만이 안다고 하는 것의 묘사일 뿐이다. 이런 묘사를 우리의 경험 지식에 비추어보며 통상적으로 저런 믿음이나 소망 또는 취향을 가진 사람이 어떻게 행동하는지 우리는 헤아려볼 따름이다. 그러나 거짓말하는 사람은 당연히 이런 행동 특징을 알고 있기 때문에 능숙한 연기를 펼치는 배우처럼 이런 특징과 맞는 신호를 우리에게 보낸다. 결국 관심을 가지고 다른 사람을 지켜보는 우리는 진실을 가지고 노는 그의 의지에 속절없이 노출될 뿐이다.

우리가 아는 거짓말은 우리가 도대체 누구를 믿었는가 하는 물음의 답으로만 한정되지 않는다. 거짓말은 또한 믿는 사람이 앎의 경계를 얼마나 의식하고 있었는지 보여주며, 그 밖에 믿는 사람이 살았던 당시의 사회가 지식을 어떤 태도로 다루었는지 알려주는 방증이기도 하다. 권력자 역시 개별적 사례에서 신하들에게 구체적인 정보를 알려주지 않으려 했을 뿐만 아니라, 비판적 생각이 생겨나는 것을 막거나 지연시키려 시도하곤 했다. 20세기에 들어서야 정부가 비로소 국민을 체계적으로 속일 방법을 발견했다는 한나 아렌트의 믿음은 물론 충분히 이해가 가는 것이기는 하나, 역사적으로 쉽게 반박될 수 있는 것이다. 교양이 어떻게 발달해왔는지 추적해보아도 반박은 충분하다. 이미 계몽의 시대에도 권력과 속임수라는 문제가 활발히 논의되었다는 점은 1781년 베를린 왕립 아카데미가 상을 내걸고 제시한 문제가 잘 보여준다. 이 문제의 전문은 이미 속임수의 존재를 전폭적으로 인정한다. "다음 물음의 답을 구한다. 백성에게 유익한 속임수라는 게 있을까? 속임수는 새로운 착각으로 호도하거나 해묵은 착각을 지속하게 만드는 것에 지나지 않을까?"

거짓말은 언제나 충분한 근거가 없으면서도 어떤 것을 참으로 여기는 사람의 지식 수준과 이성 비판 능력의 현주소를 확인해주는 증명이기도 하다.

우리는 무엇으로 믿는가

"말로 하는 술수 하나가 손으로 하는 열 개의 재
주보다 훨씬 더 낫다."

— 크리스토프-요아힘 슈뢰더
(독일 마술사, 2017)

매체의 이용

흔히 19세기를 언어 비판의 시대
라고 하지만, 언어 비판은 훨씬 더 일찍 시작된 게 틀림없다. 아
마도 최초의 언어학자는 신탁을 듣기 위해 델피 신전을 찾았던
고객일 것이다. 그는 예언이 맞지 않았다며 돈을 돌려달라고 했
다가 거절당하는 쓰라림을 겪어야 했다. 피티아는 자신은 아무
말도 하지 않았으며, 오로지 신의 명령을 받아 음절을 늘어놓았
을 뿐이라며 반환을 거부했다. 물론 우리는 신들이 무슨 일을
꾸미는지 알지 못한다. 그러나 이런 사정은 인간도 마찬가지다.
인간은 상대방이 무슨 생각을 하는지 직접적으로 알 수 없다.
알 수 있다면 우리는 거짓말이 무엇인지 물을 필요조차 없다.
또 생각이나 감정이 다른 사람에게 직접 흘러갈 수 있는 채널에

어떤 것이 있는지도 우리는 모른다. 다른 사람에게 생각이나 감정을 전달하고자 할 때 우리는 기호를 필요로 한다. 그리고 이런 기호는 우리에게 뭔가 전달하고자 하는 사람이 속임수를 노리는지 아닌지 알려주는 바가 거의 없다. 서로 속이고 속는 일을 막을 방법 가운데 가장 큰 인기를 끈 것은 인간을 서로 맺어주는 연결고리 구실을 하는 기호 체계를 오해의 소지를 만들지 않게 깔끔히 다듬는 것이다. 물론 우리는 속았다고 할 때마다 항상 매체를 떠올린다. 또 매체 덕분에 거짓말이 아닐까 눈치챘다고 말하기도 한다. 대개 이 매체는 좁은 의미로 이해한 언어, 곧 음절과 언어 표현으로 이루어진 비교적 닫힌 기호 체계이다. 이런 체계는 오랜 세월에 걸쳐 각 공동체마다 다르게 형성된 것이어서 일종의 자연으로 여겨지기도 한다. 보편적 문법을 지니는 하나의 세계 언어를 토대로 더는 오해의 소지가 없는, 세계를 포괄하는 소통을 이루었으면 하는 꿈은 오늘날에도 그 간절함을 잃지 않았다.

그러나 우리는 거짓말이 어떤 오해를 도발하는 것과 같은 뜻이 아니며, 거꾸로 거짓말은 그 내용을 명확히 하고 거짓말하는 사람이 전적으로 통제함으로써만 가능하다는 것을 이제 안다. 델피의 신탁은 아주 영리하게 꾸며진 것이기에 이 신탁에 돈을 지불하지 않은 사람들에게만 키득거리며 즐길 수 있게 해준다. 거대한 제국을 파괴하게 될 거라는 신탁에 혹했던 크로이소스는 피티아의 말을 오해한 것이 아니다. 피티아의 신들이 그 내용을 명확히 해주라고 하는 것을 잊어버려 크로이소스가 속았다고 볼 수는 없다. 오히려 왕은 정확히 설계된 그대로 함정에 제 발로 빠졌다. 피티아의 신탁이 이중의 의미가 있는 애매한 것이라는 점은 바깥에서 보는 관점에서만 그렇게 보일 따름이다. 실제 당사자인 크로이소스는 이런 애매함을 구별하여 알 수 없을 정도로 순진했다. 바로 이런 정황을 우리는 주목해야 한다. 만약 시간이 더 흐른 시점에서 신탁을 들었더라면 크로이소스 역시 이런 애매함을 알아보며 함정에 빠지는 창피함을 피했을 것이다. 그러나 신탁을 물었을 당시 크로이소스는 그만큼 절박했다. 그리고 피티아는 정확히 이 절박함을 노렸다. 고도로 발달한 언어 비판이라 할지라도 크로이소스의 이런 안타까운 상황을 막아주기는커녕, 오히려 이런 상황에 일조했을 것으로 보인다.

경제적으로 생각하기를 선호하는 두뇌는 상황이 불편할수록 간단하고 쉬운 답에 매달리게 우리를 호도한다. 그러나 거짓말이 본질적으로 일종의 대화라는 점을 염두에 둔다면, 언어는 문제의 원인이 아니라(아리스토텔레스처럼 보다 더 정확히 이야기한다면 작용인도 형상인도 질료인도 아니다), 그저 거짓말이 생겨나게 만드는 매체일 뿐이다. 인간 사이의 대화는 언제나 어떤 매체의 도움을 받아야 가능하기 때문이다. 언어는 대화를 빚어내는 가능한 형상이기는 하지만, 그렇다고 거짓말의 원인은 아니다. 인간이 서로 속일 수 있는 것은 매체를 이용해 대화를 할 수 있기 때문이다. 그리고 이 매체, 곧 수단의 수는 지난 수백 년 동안 놀라울 정도로 늘어났다. 우리는 표정과 몸짓, 자연적인 소음, 상징적 물건과 그림을 이용해 소통할 뿐만 아니라, 책과 그래픽, 사진, 영화 등과 같은 기술도 만들어냈다. 이런 매체들은 생각과 느낌과 지각의 특별한 스펙트럼을 전달할수 있게 만들어줄 뿐만 아니라, 생각과 느낌과 지각처럼 보이는 것도 전달 대상으로 꾸며낸다. 요컨대, 우리는 항상 기호를 통해 거짓말을 했지만, 거짓말이 가짜 기호는 아니다. 또 거짓말은 기호나 대화의 악용도 아니다. 거짓말이 그런 악용이라는 전제가 성립할 수 있으려면 우선 누군가 기호와 우리의 대화 능력이 오로지 하나의 목적을 위해서만 만들어졌다는 점을 입증해야 한다. 칸트가 인간의 인식 능력이 지니는 한계를 명확히 보여준 이래 신 존재 증명은 불순한 저의를 담은 거래 행위로 여겨져온 까닭에, 소통(커뮤니케이션) 곧 '함께 무엇을 함'도 신의 선물로 더는 이해될 수 없다. 신이 유일하게 정해준 의미에서 소통을 이용하지 않았다고 해서 죄가 되지는 않는다. 사실 인간은 우리가 아는 한에서 모든 소통 수단을 언제나 다양한 목적으로 이용해왔다. 물론 이 다양한 목적 가운데에는 거짓말도 있다. 그저 거짓말이 가능하다는 이유만으로.

거짓말 기술의 고도화

오해의 여지를 허락하지 않는 정확한 언어 사용을 의무화하거나 특정 매체를 금지함으로써 거짓말을 막으려는 사람은 불가능한 일을 시도하는 것일 뿐만 아니라, 문학과 예술을 질식시키고 만다. 무엇보다도 거짓말이 무엇인지, 그리고 우리가 다양한 매체들 가운데 선택을 할 수 있다는 '팩트'가 거짓말에서 어떤 역할을 하는지 이해하지 못한 사람이 그런 허튼 시도를 한다. 그 밖에도 우리는 다양한 매체들을 놓고 어느 것 하나만 쓰기로 결정하지 않고 더불어 나란히 또는 차례로 사용하기도 한다. 아무튼 그러한 착각은 거짓말하는 사람이 쌍수를 들어 반길 게 틀림없다. 매체를 제한하려는 시도는 오히려 거짓말을 더 쉽게 할 환경을 만들어주기 때문이다. 그러나 그 어느 때보다도 더 많은 사람들이 교육받을 기회를 누리는 오늘날에 거짓말할 가능성은 아주 복잡한 것이 되었다. 거짓말은 사람들의 향상된 교육 수준에 맞춰 지식 내용을 채워야 하기 때문이다.

20년 전만 하더라도 누군가 함부르크의 한 발코니에 서서 휴대전화로 통화를 하며 마치 바젤 사무실의 잠재적 고객과 협상을 하고 있는 것처럼 꾸미는 일은 얼마든지 가능했다. 그러나 오늘날에 이런 거짓말은 금세 들통난다. 바젤의 날씨가 어떠냐는 간단한 물음만으로도 거짓말 시도는 수포로 돌아갈 수 있다. 물론 사전에 거짓말쟁이가 날씨 앱을 깔아두었다면 모를까. 그뿐만이 아니다. 오늘날 휴대전화가 분실되거나 도난당한 경우 해당 단말기를 찾을 수 있게 고안된 앱은 거꾸로 그 주인의 위치 추적에 쓰이기도 한다. 이런 경우 해결 방법은 위치 추적 프로그램을 악용의 소지가 있다는 이유로 금지하는 것이다. 이를테면 이런 프로그램을 전 세계적으로 암약하는 정보당국이 감시 도구로 쓸 수 있어 개인의 권리를 침해한다는 논리는 금지의 충분한 근거가 된다(최신 기술에 밝은 사람은 온라인으로 알리바이 에이전트를 고용해 자기 휴대전화가 있어야 마땅한 곳에 위치하도록 꾸미고, 얼마든지 원하는 다른 일, 그게 무엇이든

간에 다른 일에 집중할 수 있기도 하다). 거짓말이 단 하나의 매체로만 나타난다고 예상하는 한, 정확히 이 매체를 이용해 속이는 방법은 무궁무진하다. 또 속이려는 것은 아니라 할지라도 소통으로 진실을 알리려는 행위를 막으려는 시도로 다양한 매체가 활용되는 경우도 있다. 어쨌거나 어떤 특정한 매체를 총체적으로 의심해 금지한다 할지라도, 이 매체를 활용한 새로운 거짓말은 끊이지 않고 나타난다. 배우로 데뷔할 수 있게 해주겠다는 말을 순진하게 믿고 촬영에 응했다가 곤욕을 치르는 경우도 마찬가지다. 어떤 매체를 겨냥한 우리의 신뢰와 불신이 거짓말을 전혀 막지 못하듯, 이 신뢰와 불신은 거꾸로 우리를 겨냥해 얼마든지 거짓의 난장판을 벌일 수 있다.

다양한 기호 체계와 관련해 이미 위험성을 드러내는 것은 대화의 특정 매체를 어떤 특정 직업군, 곧 오늘날 우리가 싸잡아 '미디어'라고 부르는 직업군과 맞물릴 때 가히 파괴적이 된다. 자기 생각을 종이에 인쇄해 두툼한 두 개의 뚜껑으로 덮어 펴내는 사람이라면 누구나 자료 조사의 학술적 표준이라는 것이 정확히 무엇을 뜻하는지 알아야 한다고 굳게 믿는 독일인은 제본도 안 한 종이 쪼가리에 사안마다 자기 의견을 쏟아내는 무리를 두고 양심이라고는 찾아볼 수 없는 철면피로 여긴다.* 미

* 이 문장에서 '철면피'의 원어는 'Schmierfink'이다. '아첨이나 떨어대는 더러운 참새'가 원뜻이다. 특히 나치 정권에 부역했던 사람들을 겨눈 욕설이었다가, 요즘에는 사이비 언론을 지칭하는 표현으로 쓰인다. 우리가 흔히 쓰는 '지라시', 곧 정치적 편향을 고스란히 드러내는 선전지가 적절한 뜻이지만, 문장의 함의를 드러내기 어려워 '철면피'라는 단어를 골랐다.

디어를 향한 불신은 기묘하게도 인쇄된 모든 것은 더는 믿을 수 없으며, 모니터에 나타나는 것이 오로지 순전한 진실의 표현이라고 여기는 취향을 낳았다. 이런 취향은 '거짓말 언론', '주류 언론', '패거리 언론' 등과 같은 악담들과 마찬가지로 달갑지 않은 전통, 곧 의도적으로 부정적인 기호를 만들어 도구로 쓰는 고도로 복잡한 거짓말 기술의 전통 탓에 생겨났다. 이런 기술이 특히 선호하는 것은 속이고자 하는 대상 인물이 다른 사람과의 대화를 엄두도 내지 못하게 몰아붙이는 것이다.

대화의 어떤 도구가 언제 그 가능성을 남김없이 발휘했으며, 언제는 그렇지 않았는지 더 자세한 것을 알고 싶은 사람이라면 모든 거짓말에서 그 확실한 증거를 찾아낼 수 있다. 이 증거는 그동안 미디어라는 것이 본래 발휘해야 할 능력에 어떤 특별한 결함이 있었는지 보여주는 것이기도 하다. 모든 거짓말은 그 형식을 이루는 것의 조건과 가능성과 경계의 해석이기도 하기 때문이다. 거짓말의 형식, 이것은 곧 대화로서의 생각이다.

왜 우리는 믿으려 할까

생각할 줄 안다는 것의 불행

우리가 거짓이라고 아는 모든 거짓말은 네 번째 물음의 답을 준다. 인간은 자신이 해야 마땅한 일을 하지 않고, 자신이 원하는 것을 할 때, 곧 자기 의지대로 행동하려 할 때 자유라는 말을 쓰며, 또 "왜?"라고 묻는다. "자유가 함축되어 있다"라는 한나 아렌트가 즐겨 쓰는 표현처럼, 자유를 들먹이는 행동은 언제나 어떤 것을 움직여 어디로 향하게 할지 계산하는 데 필요한 외적인 근거, 물질적 근거 그리고 형식적 근거를 충분히 알지 못할 때 나타난다. 이런 경우 우리

---

* 1945년 5월 8일은 나치가 무조건 항복을 선언함으로써 전쟁이 공식적으로 끝난 날이다. '유럽 전승 기념일'Victory in Europe Day(VE-day)이라고도 한다.

는 목적을 말한다. 목적이란 목적 외에도 이해관계, 의도, 원인과 결과 따위가 있다는 것을 의식하는 생명체에서만 찾아볼 수 있는 것이다. 인간은 자기의 고유한 목적을 설정하고, 텔로스 판단력의 도움을 받아 자신이 아는 원인과 결과 관계의 지식을 총동원해가며 목적을 실현하려 한다. 요컨대, 인간은 자기 목적을 이루어야 직성이 풀리는 존재다.

우리의 근원적 자유가 눈에 보이게 드러나는 경우는 무척 드물다. 바깥에서 볼 때 성공하리라는 희망을 가지는 것이 무의미해 보임에도 당사자가 희망을 불태우는 경우가 인간의 근원적 자유를 드러낸다. 인간이 인생을 착각과 좌절의 연속으로 경험하는 원인은 무엇보다도 우리가 착각과 실패를 거듭할 수밖에 없는 존재라는 점에 있다. 다른 생명체가 세상에서 확실하게 방향을 잡아나가는 점을 고려하면 인간의 이런 취약함은 쉽사리 수긍이 가지 않는 안타까운 것이다. 우리는 세계가 우리 자신과 몸의 가능성에 어떤 영향을 끼치는지 아는 데 그치지 않고, 생명체로서 살아남기 위해 이런 영향력에 대처할 능력도 키운다. 다시 말해 우리는 세계를 해석할 줄 아는 존재다. 심지어 세계와 몸 사이에서 벌어지는 상호작용을 다른 관점에서 해석할 수 있는 것은 우리가 반성적 인식을 할 줄 알기 때문이다. 이런 능력은 매우 복잡한 것이고, 감각지각을 통해 몸을 다스리는 차원에서 세계를 해석하는 솜씨처럼 능숙한 것이 아니어서 인간은 이 다른 관점을 발견할 때마다 충격을 받는다. 특히 누천년의 세월에 걸쳐 취득한 인지와 운동 능력, 결코 사소하다고 할 수 없는 능력이 아무런 도움을 주지 못한다는 경험은 정말이지 괴이하기만 하다. 숱한 연습을 하고 허리를 꼿꼿이 세워 식탁 앞에 앉아 금장식이 들어간 포크로 블루베리 케이크 한쪽을 입으로 가져가려다가, 혹시 이런 동작이 실패한다면 우리 자신과 식탁보는 어떤 몰골을 할까 하는 생각이 떠오르는 순간 우리는 이미 와장창 소리와 함께 넘어지고 만다. 세상에서 가장 탁월한 능력, 곧 생각함이라는 능력을 자랑하는 존재는 자신이 도대체 뭘 할 수 있는지 고민하는 순간부터 이루 말할 수 없이 볼품없는 신세로 전락한다. 이처럼 잠재적 가능성을 반추하는 우리의 반성 능력은 감각을 통해 경험한 현실을 뒤죽박죽으로 만들어버린다. 반성 능력은 우리로 하여금 현실을 감당할 수 있게 해주는 데 그치지 않고, 가능성을 생각하며 전혀 다른 현실을 떠올리게도 하기 때문이다.

강한 국가를 주창해 일각에서 두려움을 샀을 뿐만 아니라 인간을 섬세한 안목으로 관찰했던 17세기 영국 사상가 토머스 홉스는 미래의 배고픔을 생각하는 것만으로도 배고파지는 존재가 인간이라고 꼬집은 바 있다. 심지어 우리는 내일의 배고픔을 생각하느라 오늘의 풍성한 식탁마저 잊어버릴 수 있기 때문에, 예로부터 생각에 회의적인 사람들은 우리가 오로지 생각에 골몰하느라 '생존 투쟁'에서 패배하는 것은 아닐까 염려해왔다. 그리고 내일의 배고픔을 떠올리는 사람은 자신의 죽음도 생각할 수 있다고 한 마르틴 하이데거의 말은 더할 수 없이 적확하다. 결국 이 독일 철학자는 머릿속에서 벌어지는 '생존 투쟁'이 현실을 올바르게 인지하는 우리의 능력을 키우는 게 아니라 흐려놓기도 한다는 생생한 사례이다.

생각의 미학

우리가 진실뿐만 아니라 거짓의 세상 속에서도 살 수 있는 것은 다른 세계를 생각할 줄 아는 우리의 능력 덕분이다. 물론 이 다른 세계는 있는 그대로의 현실로부터 무한히 뻗어나간 나머지 그저 몽상처럼 비쳐질 수 있다. 그러나 이 다른 세계는 우리에게 현실인 것처럼 보이는 세상의 다른 해석이기도 하다. 무엇보다도 감각의 기만에 속았다는 경험은 개념적 해석이 더 믿을 만하다고 가르쳐준다.

무한한 자유와 같은 울림을 주기는 하지만 우리의 생각함은 실제로 아주 잘 들여다볼 수 있을 정도로 한계가 있다. 우리 자신과 세계를 보는 관점은 오로지 세 가지뿐이기 때문이다. 어떤 것의 "왜?", 곧 원인을 묻는 사람은 이 세 가지 가능성 가운데 하나를 선택한다. 인간은 자신에게 보이는 모든 것을 합목적적으로, 곧 자신의 행동에 어떤 구체적 목적이 있는 것으로 묘사할 수 있다. 이는 곧 목적 의지를 가지고 세계를 바라보는 관점이다. 반면, 우리는 행동의 형식에 집중하는 관점을 가진다. 행동의 형식을 묻는다는 것은 어떻게 행동해야 마땅한지 그 규칙을 알아내려는 관점이다. 목적 의지와 윤리적 규칙을 모두 무시할 수도 있기에 우리는 아예 세계는 그저 우리에게 흘러오는 것이며, 세계의 이런 영향에 고스란히 따르기만 해야 한다고 결정할 수 있다. 저 좋았던 옛 시절인 1980년대에 인기를 끌었던 파스텔 색의 책과 분홍빛 워크북이 가르쳐주던 그대로 주의력 훈련만 충분히 하면 있는 그대로의 세상에 충실할 수 있다는 것이 이런 관점이다. 과연 그럴까? 독자 여러분도 이미 짐작하겠지만 사정은 그리 간단치 않다. 몇 개의 촛불을 세우고 은은한 향이 나는 차를 마신다고 해서 세상이 평화로워지지는 않는다. 그러나 굳이 칸트의 『판단력비판』을 읽지 않더라도, 지금 우리의 논의는 인간이 세계를 있는 그대로 수용하고 그 법칙성을 알아낼 도구를 쓸 줄 아는 능력만 가진 게 아니라는 암시만으로 충분히 이뤄질 수 있다. 우리는 또한 우리 자신을 이 세계의 한 부분으로 생각할 줄 아는 능력도 가졌다. 목적 의지라는 이해관계를 굳이 무시하지 않더라도 우리가 얼마든지 세계 안에서 영리하면서도 이성적으로 행동할 줄 아는 것이 이런 능력이다. 이 능력은 우리로 하여금 현실과 잠재적 가능성 사이에 벌어지는 이 기묘한 상호작용을 직접 체험할 수 있게 해준다.

거짓말쟁이는 우리가 그를 합목적적이거나 도덕적이지 않은 관점으로 바라볼 때 우리가 눈치채지 못하도록 행동의 근거가 되는 생각에 영향력을 미치기가 대단히 어렵다. 내가 그저 그가 옆에 있는 것을 즐기며 눈으로 그의 손과 손가락 동작을 유심히 살피면서 그의 손이 뜨거운 찻잔을 조심스레 어루만지며 하는 말의 특징적인 리듬과 울림에 귀를 기울인다면, 심지어 그의 독특한 사고방식의 리듬을 즐겁게 따라간다면, 이 남자가 아무리 교묘하고 노련하며 설득력 있게 거짓말을 해도 거짓말은 통할 수 없다. 사물의 미학만 있는 게 아니라, 분명 생각의 미학도 있다. 충분한 연습을 전제로 한다면 인간은 다른 사람의 생각의 운동을 음악이나 화가의 붓질처럼 감상할 수 있다. 이처럼 인간은 몇 시간이고, 심지어 평생 동안 다른 사람이 하는 말에 유혹당해 자기 확신을 저버리는 일이 없이 그의 말을 경청하거나 함께 따라 말할 수 있다. 칸트가 '이해관계를 따지지 않는 호의'라고 말한 것은 심지어 '출판의 시뮬레이션'도 막아준다.* 오늘날까지도 우리는 판단 능력, 즉 목적 의지와 도덕과 미학이라는 세 가지 판단 능력을 완전한 수준까지 터득해 자유롭게 활용하지 못하는 탓에 다른 사람의 생각의 운동을 유유자적 따라가며 거짓말에 대하여 반박하지 못한다. 그러나 이런 미학적 판단의 가능성만으로도 그저 곁에서 속삭임으로써 다른 사람의 생각을 조작하려는 시도는 제약받을 수밖에 없다.

이해관계라는 공통의 목적

이해관계가 경청을 어렵게 만들 때 비로소 대화의 공간이 생겨난다. 대화를 나누는 생각의 가능성, 바꿔 말해 거짓말의 가능성은 환상을 만들어내려 우리에게 접근하는 사람이 어떤 이해관계를 염두에 두고 세계를 함께 해석해보자고 할 때 현실이 된다. 거짓말을 하는 사람과 듣는 사람은 이 공통의 이해관계를 가져야 한다. 이런 공통의 이해관계를 노리며 거짓말쟁이는 대화의 어떤 매체를 고르고, 자신의 의도를 어떻게 표현해야 좋을지 생각하며 상대의 생각에 영향을 미치려 시도한다. 청자의 이해관계를 자극할 수단을 찾으려는 것이다. 자신을 보호해줄 권위를 찾는 것도 이런 이해관계의 하

• '출판의 시뮬레이션'에 대해서는 90~91쪽을 참조하라.

나다. 권위는 충성심이라는 형태로 우리의 생각을 조종한다. 마침내 권력자는 이런 충성심을 정권의 도구로 만든다. 또 도덕적 관심으로 올바른 것을 찾고자 하는 희망도 이런 이해관계의 하나다. 희망이라는 이해관계는 뭐가 옳은지 물어보거나 그 행동을 관찰할 다른 사람을 필요로 한다. 거짓말은 정확히 이 욕구를 파고든다. 대화에 합목적적인 이해관계가 끼어들 때, 그리고 동시에 어떤 특정한 목적에 어떤 구체적인 대화가 알맞다는 전제가 성립할 때, 우리는 속는다.

거짓말이 성공할 기회는 목적에 알맞은 구체적인 대화라는 전제, 곧 거짓말의 전제 조건이 거짓말로부터 자신을 보호해주리라고 믿는 사람을 상대로 할 때 특히 많아진다. 누구를 믿을지, 무엇을 믿을지, 어떤 매체로 접근하는지 하는 세 가지 물음은 모두 거짓말의 전제 조건이다. 이 세 가지를 함께 고려해야 거짓말은 어려워지며, 따로 떼어 어느 하나만을 문제 삼으면 거짓말의 다른 조건을 잘 아는 거짓말쟁이는 더 좋은 기회를 얻을 수 있다.

거짓말 읽기는 돋보기를 통해 보는 것처럼 인간의 사고방식을 들여다볼 수 있게 허락해준다. 거짓말을 들으며 청자는 자기 생각을 통해 현실을 만들어낸다. 이유는 간단하다. 청자는 자신에게 맞춤한 현실을 찾고자 하는 이해관계에 사로잡혔기 때문이다. 각 시대마다 다양한 사람들이 우리의 인식 능력과 생각 교환의 능력을 실제로 어떻게 이용했는지 그 각양각색의 방식을 더 자세히 알고 싶은 사람은 공인된 거짓말을 주의 깊게 읽어보면 설득력을 자랑하는 원전을 찾아낼 수 있다. 이런 기록은 인간 행동의 다른 증거를 전혀 또는 어쨌거나 쉽사리 제공하지 못하는 인간의 진면목을 확인해준다. 이런 설득력의 근거는 하필 모든 성공적 거짓말은 잘 통제된 조건 아래서 생각으로 행동에 영향을 미칠 수 있음을 입증한 성공적 실험이었다는 점이다. 그러나 성공적인 거짓말은 우리가 의지만 가진다면 도덕적 생각이 현실로도 나타날 수 있다는 반증이기도 하다.

권력의 피안

"자력에 의존해야 함을 아는 것만으로도

이미 대단하다.

그럼 우리는 자기 힘을 올바로 쓰는 법을 배운다."

— 지그문트 프로이트(오스트리아 의사), 『환상의 미래』(1927)

거짓말과 비슷하게 우리를 혼란에 빠뜨리는 현상은 오로지 하나, 곧 거울이다. 우리는 오늘날까지도 거울이 보여주는 것을 어떻게 받아들여야 할지 결정하지 못했다. 거울은 거짓말을 하지 않기 때문이다. 흔들림 없는 확고함으로 거울은 정확히 있는 그대로의 우리 모습을 보여준다. 우리는 거울에 무슨 짓을 하든 거울이 그 앞에 선 우리의 모습을 정확히 보여주는 것을 막을 수 없다. 우리의 교차된 시신경과 다르게 거울은 측면을 헷갈리지 않으며, 오른쪽은 오른쪽에 왼쪽은 왼쪽에, 위는 위로 아래는 아래로 놔둔다. "거울은 비인간적인 방식으로 진실을 말한다." 움베르토 에코의 이 말대로 우리는 거울을 한 점의 의심도 없이 믿는다. 거울은 반응하지 않으며, 해석하거나 설명하지도 않는다. 그럼에도 거울은 거짓말과 중요한 공통점이 있다. 거울을 도구로 사용하고자 한다면, 먼저 우리는 거울의 존재를 인정해야 한다.

거짓말 읽기는 다각도로 충분한 거리를 두고 관점을 바꾸어가며 살필 때에 가능하며, 어떤 이해타산으로 거짓말에 휘말려서는 절대 이뤄질 수 없다. 그러나 거짓말 전체를 놓고 성찰할 수 있기 위해서는 오로지 거리를 두는 태도와는 다른 조건도 필요하다. 거짓말 성찰은 오로지 그 자신이 거짓말의 능력을 아는 사람, 곧 잠재적인 거짓말쟁이만이 할 수 있다. 우리가 거짓말 전체를 살피려는 결심을 어려워하는 구실이 차고도 넘쳐나는 이유가 달리 있는 게 아니다. 거짓말을 하려는 결심의 도덕적인 정당화가 가능할까 하는 물음 앞에서 사람들은 거짓말 전체를 살피기 꺼려한다. 어떤 의도에서든 거짓말을 하는 사람은 상대방에게 허위를 말하며, 이로써 이것은 상대가 자기 지성을 쓰지 못하게 방해하는 것과 다르지 않다. 거짓말이 반계몽적인 이유가 바로 여기에 있다. 성공적으로 거짓말을 한 사람은 상대가 자기 사유 능력을 이성적으로 쓰지 못하게 방해한다. 스스로 생각함에 힘쓰지 않게 만드는 미숙함의 장려가 무릇 이렇게 생각해야 마땅하다는 도덕으로 정당성을 얻을 수는 없다. 잠재적일 뿐이라도 거짓말을 결심하는 사람은 먼저 자신을 심판하지 않고는 도덕적 정당화가 어렵다는 사실을 이내 깨닫는다. 결국 거짓말 성찰을 시도하는 사람은 어쩔 수 없이 순환논법에 빠지고 만다. 거짓말을 찬양하는 노래를 부르는 사람이라도 자신이 거짓말쟁이로 여겨지는 것은 바라지 않기 때문이다. 거짓말을 읽기 위해 스스로 거짓말을 해야 한다는 점에서, 논증되어야 할 명제를 논증의 근거로 삼는 순환논증은 피할 수 없다.

거짓말이 계몽의 의무 그리고 모든 사람의 자율성을 존중해야 하는 의무와 합치될 수 없다는 우리의 앎(지식)은 무조건적인 진실이 허위로 가득한 세상 안에서 대개 실패하고 만다는 우리의 경험과 대립한다. 오히려 거짓말은 이득을 볼 도구로서의 효과를 충분히 발휘해왔다. 어떤 사람이 거짓말을 하고 다른 사람이 이를 믿을 때 정확히 무슨 일이 벌어지는 것인지 인간이 항상 유념하는 것은 아니기 때문이다. 어쨌든 거짓말에 관한 진실을 말하고자 하는 사람은 이런 기묘한 혼란을 더욱 환하게 비출 빛을 밝히려 시도해야 한다. 거짓말 개념을 명확히 하고자 한다면 인간이 거짓말을 상대로 어쩌지 못하고 문제를 회피하려는 태도를 보이는가 하는 물음에도 대답해야 하지 않을까?

사치로서의 진실

속마음을 말하면 외로워진다

참으로 기괴하다. 우리 누구나 사람들에게 진실에 충실하라고 입버릇처럼 말한다. 오늘날 '진정성'이 얼마나 중시되는지 보라고도 한다. 그런데 누군가 이 요구를 진실로 받아들인다면, 우리는 그를 더는 사회적이지 않다고 여긴다. 우리가 차라리 듣지 않았으면 하는 말을 하는 사람은 따돌림을 당할 수밖에 없다. 물론 처음 그런 말을 한 순진한 사람은 조용한 곳으로 끌려가 다르게 말할 수는 없었느냐는 엄한 꾸지람을 듣는다. 다른 톤으로 말할 수는 없었어? 그런 말은 전혀 하지 않는 게 최선이 아닐까? 이런 기괴함은 오로지 우리 인간만이 벌인다. 우리가 인간이 아니라면, 이 허튼짓이 무얼 뜻하는지 아무도 설명해줄 수 없을 것이다. 반면 우리는 어

191

려서 이런 놀이를 적응이라는 미명 아래 배운다. 다시 말해서 생각의 수준이 지금 정확히 무슨 일이 벌어지고 있는 것인지 이해할 정도로 무르익기까지 우리는 암묵적인 장단에 맞춰 함께 춤을 추어야 한다. 적지 않은 사람들은 평생 이런 춤을 추기도 한다. 가볍게 상황을 즐기는 순간은 오로지 겉도는 피상적인 태도나 달인 수준의 게임 솜씨로만 이뤄낼 수 있기 때문이다. 얼음 위를 우아하게 춤출 수 없으며 어디가 살얼음판인지 알지 못하는 사람은 이따금 어쩔 수 없이 멈추어 서서 주위를 둘러보며 안전한 곳이 어디일지 찾아보지만 그래도 빠져나올 엄두를 내지 못한다. 사회의 잔인할 정도로 변덕스러운 거짓말 놀이가 싫다고 사회를 완전히 포기할 수 있는 사람은 아무도 없기 때문이다.

물론 자기 생각과 느낌의 진실을 말하고 싶은 사람은 누구나 언제 어디서나 말문을 열 수는 있다. 다만 문제는 이런 솔직함이 어떤 후폭풍을 몰고 올 것인지, 그럼에도 다른 사람들이 자신에게 과감하게 악수를 청할지 전혀 알 수 없다는 점이다. 속마음과는 전혀 다른 허튼소리와 허례를 지켜야 하는 이런 의례가 실질적인 대화를 나눌 수 있는 소중한 시간을 잡아먹는 것은 아닌지 이따금 떠오르는 물음을 이겨낼 처방으로 머릿속에 떠오르는 대로 모두 지껄였다가는, 당신의 하루가 어떻게 될지 고민해보라는 권고를 들을 것이다. 바꿔 말해 살얼음판 위에서 역동적인 춤동작을 선보여 달라는 것이 그러한 권고다. 그러다가 얼음판 아래로 빠지는 사람을 보며 저런 얼간이를 보라며 우리는 키득대고 웃는다. 사회의 위선에 이따금 치솟는 분노보다 혼자 외로워지는 게 아닐까 하는 두려움이 훨씬 큰 탓에 처방은 그 효과를 인정받는다. 그럼에도 많은 사람들이 외로운 하루, 곧 묻지 마 살인을 감행하는 하루를 저지르고 싶다는 충동에 시달린다는 점은 우리가 왜 그러는지 정확한 것을 차라리 몰랐으면 하는 문제 가운데 하나일 뿐이다. 그래도 누군가 분노를 표출하면 순식간에 마치 마법의 손이 작용한 것처럼 피상성은 말짱한 모습을 회복하며, 날뛴 폭주범은 사회를 더럽힌 오명의 사례로 꼽히고 만다.

진실의 무거움

공동체로부터 추방당하는 것이 곧 죽음을 의미하던 시절이 있었다. 마을은 규모가 작아 서로 훤히 알았으며, 마을은 물론이고 그 주변도 말 그대로 야생이었기 때문이다. 도망간 사람에게는 공동체의 심판과, 그 결과를 피해 선수를 친 것일 뿐이라는 입방아가 따라붙었다. 그를 잡아먹은 쪽은, 물론, 늑대다. 최소한 거짓말 알레르기 환자에게 어느 정도 관용을 베풀며 숨이라도 쉴 틈새 공간을 허락해주는 자유 사회의 칭찬받는 덕목이 아직 무르익지 않은 시절이었다. 그런 틈새 공간을 허용했더라도 거짓말 알레르기 환자는 인습이라는 게임을 스스로 할 수 없다거나, 아예 그냥 마음에 들지 않는 것을 어쩌겠느냐면서 자신이 아무짝에도 쓸모없는 존재라고 한숨만 지었을 뿐이거늘.

그러나 주지하듯 자유를 보장하는 사회는 그 어디에서도 찾아보기 힘들었다. 아마도 이마누엘 칸트 이래 가장 솔직한 철학자인 카를 야스퍼스는 오로지 우파의 길, 그러나 그 자신은 옳다고 보지 않은 우파의 길만 있던 시절에 거짓말을 인정하는 법을 배워야 했다. 야스퍼스는 유대 혈통의 아내를 절대 버리지 않겠다고 약속하고 공공연한 적의에 시달려야 했다. 그는 철학 교수라는 국가가 보장해주는 안정적 삶의 유혹을 포기했다. 대다수 동료들은 그와의 접촉을 회피했다. 야스퍼스는 외로운 시간을 허비하지 않고 철학의 가장 위대한 저작들 가운데 하나를 쓰면서, 이 책이 언젠가는 출간될 수 있기만을 희망했다.

『진실에 대하여』Von der Wahrheit는 1000쪽이 넘는 책이다. 이 책은 거짓을 말해야 생존할 수 있는 국가와 체제가 있다는 안타까움을 토로하기도 한다. "거짓이 인생의 조건임을 몸소 경험하는 것을 다행히도 모면한 사람, 그래서 평생 동안 거짓말을 하지 않고도 살 수 있게 허락받은 사람은 타인들이 그를 위해 솔직하지 않은 태도를 보였다는 사실, 다시 말해 그들의 행동 덕분에 그의 인생과 조건이 실현되고 보장받을 수 있었다는 사실을 침묵한다면, 그 자신이 정직하지 않은 것이다." 서슬 퍼런 독재정권 아래서 목소리를 내어, 있는 그대로를 말하는 사람은 의심할 여지가 없이 용감한 사람이다. 우리는 그에게 존경과 찬탄을 보내야 마땅하다. 그러나 이런 사람은 타인이 불안을 무릅쓰고 숨겨줄 각오를 해야만 살아남을 수 있다. 카를 야스퍼스와 그의 아내 게르트루트는 평생 동안 자신들이 용감하지 못했음을 자책했으며, 이런 실수를 다시는 반복하지 말자고 서로 다짐했다. 이런 다짐은 무엇보다도 나치의 강제수용이 임박했을 때 위험을 무릅쓰고 두 사람에게 은신처를 마련해준 이들에게 보

194

내는 존경과 감사의 표시였다. 올곧음이 죽음을 부를 수 있지만 상황을 개선할 유일한 기회라는 우리의 앎은 거짓의 조건 아래서는 언제나 자신도 거짓을 말할 수 있어야 한다는 것이 인간의 과제임을 인정하는 것을 의미하기도 한다. 자연적으로 진실이 통하는 경우는 드물다. 그 이상을 원하는 사람이라면 몸소 진실을 실천해야 한다.

진실을 위해 치러야 하는 대가의 크기가 정치 상황에 따라 달라지기는 하지만, 왜 그런 대가를 항상 치러야 하는지 그 이유는 분명하다. 진실은 독재정권만 위협하는 게 아니다. 물론 독재정권은 진실에서 곧장 그 적을 알아보기는 한다. 더 나아가 진실은 모든 권력관계에 훼방을 놓는다. 그래서 실제로 거짓말을 하는 사람도 진실은 못마땅하기만 하다. 다른 모든 사람들이 암묵적으로 진실과는 다른 합의를 했음에도 진실을 말하는 사람은 피할 수 없이 권력관계를 폭로한다. 아니, 단순한 폭로 그 이상의 성과를 올린다. 두말할 필요 없이 받아들여지는 권력, 곧 속임수라는 원리가 없이는 성립할 수 없는 권력은 그 정체를 언급하는 것만으로도 끝장을 맞는다. 좌고우면하지 않고 투박하게 말해지는 진실은 언제나 거짓말의 있는 그대로를 보여주는 거울이다. 불쑥 들이댄 거울은 오로지 어린애와 얼간이만 참아낸다.

공모

인습을 거론하며 심기를 불편하게 만들었음에도 누구는 처벌받고 누구는 아니더라고 말하는 사람은 특권을 누리는 권위를 무너뜨린다. 그래서 함께 거짓말하자는 공개적 호소로 자기의 권력을 시험해보려는 태도가 등장한다. 아웃사이더는 그 속내를 쉽게 간파하며, 검은 거울을 높이 들고 심각한 목소리로 "봐라, 너희는 모두 하얗잖아!"라고 외치는 정신병자를 보며 웃음을 터뜨린다. 물론 우리는 웃기 전에 얼마나 많은 사람들이 그의 말에 동조하는지 지켜보는 것이 좋다. 자기의 권력을 시험하고 이로써 증명하고자 하는 사람은 결국 누구를 속이려는 생각을 하지 않으며, 결코 어리석게 행동하지 않는다. 도구로서의 거짓말은 주체적으로 관점을 바꾸지 말라고 요구한다는 사실을 우리가 이미 확인한 바 있다. 그러니까 거짓말에 동참하라는 호소 자체는 거짓말이 아니라, 거짓말의 요구일 따름이다. 이런 요구야말로 진정한 대관식이다. 거짓말쟁이는 세계의 눈들이 지켜보는 앞에서 의식적으로 믿을 수 없는 것을 믿으라고 요구한다. 이는 곧 권력을 공개적으로 다지는 행위다. 이런 권력은 그 어떤 상징이나 의례로도, 더욱이 진실로는 이룩할 수 없는 것이다. 진실의 의무를 소중히 여기는 사람은 우리가 공유하는 세계만을 인정하기 때문이다. 이런 세계에서 방향을 잡아갈 길라잡이는 오로지 진실일 뿐이다. 그러나 거짓말에 동참하라는 호소를 따르는 인간들은 단 한 명의 권력자에게만 충성의 의무를 서약한다. 진실이 우리를 묶어주는 공통적인 것이라면, 거짓은 우리가 자발적으로 서로를 묶는 것이다. 자발적 복종은 한나 아렌트가 생각했듯 국민에게 나침반을 빼앗는 것이 아니다. 오히려 나침반의 바늘을 새롭게 맞추자는 공동의 결정이다. 독재자는 겁박으로 종복들을 위축시켜 권력을 유지한다. 이렇게 위축시키는 수단만 빼앗으면 독재자는 힘을 잃고 만다. 그럼 독재자에게 수단을 넘겨주었던 사람들은 저마다 곧장 자신이 폭력을 행사한다. 제아무리 폭력적인 왕이라도 잠은 자야 한다는 것은 주지의 사실이다. 한 번의 유리한 순간만 포착해도 왕의 무장 해제는 얼마든지 가능하다. 그러나 권력이 국민에게서 나온다면, 국민을 이끄는 지도자에게는 오로지 국민이 그에게 인정한 권력, 곧 상호 계약에 따른 권력만 남는다. 거짓말은 본질적으로 그런 계약의 일종이라는 점을 잊지 않는 것이 현명한 태도다.

진실을 다루는 규칙과 한 줌의 거짓말

모든 염려에도 세계는 지금까지 거짓 속으로 침몰하지 않았다. 그리고 미래에도 그러지 않으리라는 점을 예언하기 위해 수정구슬이 필요한 것은 아니다. 성공한 거짓말은 그저 법칙의 예외일 뿐이다. 실제로 누군가 거짓말을 의무로 하는 공동체를 세우겠다는 발상을 한다면, 그 결과는 기껏해야 소설일 뿐이다. 인간은 기꺼이 원해서 진실을 찾는 게 아니다. 인간은 진실을 찾아야 하는 의무가 있다. 진실이 없이는 각 개인들에게 감당할 수 없는 큰 짐을 지우는 세계 안에서 우리는 바로 설 수가 없다. 화산 폭발을 간절히 금지하고 싶었던 사람이라면 알듯, 우리의 권력 다툼에 무심하기만 한 세계 안에서 살아남기 위해 협력은 반드시 필요하다. 협력은 타협이 없이는 이뤄지지 않는다. 이마누엘 칸트는 심지어 악마들이 국민인 곳에서조차 국가 건설의 문제는 해결되어야 한다고 썼다. 극히 작은 규모의 공동체일지라도 진실을 다루는 규칙은 정해야 한다. 거짓말 역시 진실에 맞추어야 세계 안에서 효과를 발휘한다. 이는 꿈이라 할지라도 충분히 현실적이어야 우리를 충격에 빠뜨리는 이치와 같다. 도로 표지판, 책, 사진 따위로 우리가 꾸며낸 가상 현실이 그동안 인터넷을 통해 국제적으로 퍼져나갔을지라도 '포스트 팩트 시대'가 도래했다고 말할 구실은 되지 않는다. 이른바 '증강 현실'이라고 하는 것도 예로부터 인간이 기호를 만들어 해오던 일의 연장일 따름이다. 거짓말을 지나치게 화려하게 구사하는 사람은 확실하게 현실에 의해 뒷덜미를 잡힌다. 이처럼 현실은 우리가 어떤 일을 감행하려 할 때마다 염두에 두어야 하는 것이다.

거짓말은 모든 종류의 목적에 쓸 수 있는 도구다. 거짓말은 특히 어떤 사람이 우리가 기꺼이 받아줄 수 있는 것 이상으로 가까이 오려는 인간의 집요함으로부터 피해 우리 자신을 숨길 능력이다. 또한 거짓말이 없는 교육도 생각하기 어렵다. 어린아이를 순진한 백지 상태 그대로 세상에 내보내는 것은 지혜로운 선택이 아니기 때문이다. 혹여 자신이 경험했던 것보다 누군가 더 크게 넘어지는 것을 보며 즐기고 싶은 심술을 가질 사람은 없을 터.

최선의 선의로 속인다 해도 의혹은 남는다. 1781년 루돌프 차하리아스 베커가 국민의 유익을 위해 속인다는 생각에 펼친 강력한 논쟁을 떠올려보자. "정신에 심각한 타격을 안겨 사유 체계를 뿌리째 흔들어놓는 착각은 이런저런 종류의 신조와 취향에만 국한되지 않는 영향력을 행사하리라는 점을 우리는 차분히 앉아 (……) 유념해야 한다." 우리의 거짓말 솜씨는 다른 용도로 쓰기가 무척 복잡한 도구들과 마찬가지로 선의로 쓰기가 어려울 뿐만 아니라, 그 결과를 전혀 계산할 수 없다. 물론 확실하게 인간의 목숨을 구할 수 있다면 거짓말일지라도 정당화할 수 있다는 규칙은 최소한 우리의 기분을 좋게 만들 것이다. 다만 이런 종류의 보장이 없다는 게 문제다. 앞서 말한 도구의 사용법은 인간의 행동에는 적용할 수 있는 게 아니기 때문이다. 그러나 최고의 선의를 담은 거짓말이 세계에 재앙을 불러일으킬 수 있다면, 이런 거짓말에 담긴 선의를 어떻게 생각해야 할까? 우리는 정말 이따금 상대방을 배려한 거짓말이 결국 모든 것을 좋은 쪽으로 이끄는 경우를 배제해야 할까? 심지어 거짓말이야말로 모든 것의 태초였다는 짐작에 우리는 몸을 떨어야 마땅할까?

거짓으로서의 세계

"허위를 가지고 세상 끝까지 갈 수는 있겠지만,
다시 돌아올 수는 없다."

— F. M. 도스토옙스키(러시아 작가),
『카라마조프가의 형제들』(1880)

이 세상에 확실한 것이 있을까

17세기에 르네 데카르트는 일종의 반증을 시도했다. 이 프랑스 철학자는 최소한 한 번쯤 실험을 감행해 모든 것을 진지하게 의심해본다면 확실한 것으로 남는 게 무엇인지 알아내고 싶었다. 확실함을 원한다면 한 번이라도 우리를 속인 모든 것은 지워버리자고 데카르트는 실험을 시작한다. 세계는 순식간에 사라진다. 내가 아는 세계는 오로지 감각을 통해 경험한 것이며, 감각은 자주 나를 속였기 때문이다. 그렇다면 우리는 세계가 없이 생각을 계속해야 한다. 내 몸은 어떤가? 내가 침대에 누워 잠을 자고 꿈에서 산책을 하면서 몸을 가졌다고 확신한 것처럼 혹시 몸도 그저 상상의 산물은 아닐까? 그러나 나는 분명 생각, 상상, 아이디어를 가지지 않는가? 그렇다, 분명 나는 일각수와 천사처럼 굉장한 생각도 가진다고 데카르트는 자답한다. 그렇다면 최소한 계산도 확실하지 않을까? 수학은? 논증은? 아니다, 추론과 판단은 흐르는 시간 안에서 생각하는 것일 따름이다. 시간 안에서 생각한다면, 곧 시간의 흐름과 더불어 피할 수 없는 변화를 고려하며 생각한다면, 나는 불변의 안정적인 것, 이를테면 내가 생각하는 숫자로 뭔가 하려 할 때 항상 동일한 것이 남아야 한다고 전제한다. 전제는 내 생각의 요구일 뿐, 실제 존재의 근거일 수 없다. 나는 이 '1'이 내가 '+'를 했음에도 여전히 하나의 '1'로 남는다는 것을 어떻게 아는가? 누가 혹은 무엇이 그것을 나에게 보장해 주는가?

확실한 것이 아무것도 없을 수가 있을까? 모든 것이 그저 스쳐지나가듯 사라질 뿐이며, 그렇다면 생각함도 우연에 지나지 않을까? 생각하는 사람이 가질 수밖에 없는 근본적인 두려움이 어떤 모습인지 알고 싶은 사람은 그 답을 데카르트에게서 찾는다. 결국 생각하는 나는 오로지 오락에 중독된 나머지 즐길 거리를 찾느라 모든 것을 끊임없이 바꾸고 사라지게 만들며 장난을 치고 있는 것은 아닐까? 나는 어떤 것을 오로지 생각함으로써만 파악할 수 있다고 믿는 반면, 나의 모든 생각은 그저 상상이 남겨놓은 너덜너덜한 조각일 뿐이지 않을까? 우리를 미로 속의 생쥐로 비유하자면, 어쨌거나 빠져나갈 길은 있으리라. 다만 우리가 찾아내지 못했을 뿐. 그러나 이 '게니우스 말리그누스'*의 세계에서 생각하는 나는 도대체 무엇인가? 동일성을 가지고 연속적으로 존재하는 모든 것이 환영에 지나지 않는다면,

모든 형상과 형태가 우리의 희망을 안개처럼 불투명하게 만드
는 상상에 지나지 않는다면, 우리는 대체 발을 디디고 설 기반
을 어디서 찾을 수 있을까?

물론 우리는 답을 안다. 유일하게 확실한 기반은 '나는 생
각한다'라는 의식이다. "에고 코기토, 에고 엑시스토"Ego cogito,
ego existo. 나는 생각한다, 고로 나는 존재한다. 시간으로부터 얻
어낸 이 섬약한 인식은 모든 것의 존재를 의심한다 할지라도 생
각하는 무엇은 반드시 있어야 한다고 내가 의식하는 순간을 말
해줄 뿐이다. 생각된 내용이 모두 쓸모없으며 환영이라 할지라
도 내가 생각한다는 사실만큼은 확실하다. 내가 생각한다는 점
을 의식함으로써 생각의 방향은 정반대로 바뀐다. 세계와 사
물을 묻던 물음은 세계와 사물을 묻는 자에게로 방향을 바꾼
다. 거짓의 망령 속에서 길을 잃어본 사람이라면 누구나 데카
르트가 무슨 말을 하고 싶어하는지 최소한 그 희미한 예를 하
나쯤 안다. 그러나 곧장 다음 어려움이 고개를 든다. 세계와 이
어진 모든 연을 끊어버리고 오로지 생각하는 자신만 성찰하는
사람은 여전히 앞으로 어디로 나아가야 하는지 모른다. "나는
생각한다"라는 의식은 이 혼란 속의 확고한 지점이기는 하지
만, 이것 이상의 무엇으로 나아갈 길은 보여주지 않는다. "나는
생각한다, 고로 나는 존재한다"가 다음 행보이기는 하지만 결

● Genius malignus. 라틴어로 '사악한 정신'이라는 뜻이다. 데카르트가 방법적
회의를 논의하기 위해 설정한 장치를 이르는 표현인데, 흔히 '악마의 가설' 또는 '전
능한 악마'로 옮겨지곤 한다.

코 쉬운 것은 아니다. 이런 결론에 뒤따르는 것은 다시금 시간 속의 생각이기 때문이다. 생각하는 것, 곧 '레스 코기탄스'res cogitans(사유 실체)는 물론 몸을 가지면서도 생각에 의존하는 것이기는 하다. 요컨대, 생각하는 나는 다시금 세계의 일부가 되었지만 저 '게니우스 말리그누스'라는 사악한 거짓말쟁이 때문에 여전히 모든 것은 뒤죽박죽이다.

속임수의 가능성으로서의 세계

그 본질이 속임수인 세계가 가능하다는 생각, 곧 세계를 그렇게 꾸민 어떤 존재만 빼고는 누구도 안심할 수 없는 세계가 있다는 생각은 데카르트와 그의 '게니우스 말리그누스'를 아는 사람이 거의 없다 할지라도 승승장구를 거듭하며 세상 사람들의 입에 오르내렸다. 정확히 이런 생각은 세계 음모론이라는 불경한 발상의 바탕을 이루었다. 물론 이런 음모론은 대개 대단히 세속적인 마녀사냥, 엉뚱한 사람을 희생양으로 삼는 형태로 끝장을 맞았다. 몇몇 극소수의 인물이 대다수 인간을 체계적으로 방향을 잃게 만들어 혼란에 빠뜨리는 것을 우리가 가능하다고 여기는 이유는 간단하다. 우리의 감각지각과 지식에 대한 신뢰를 의심스러운 것으로 만드는 데는 세계의 본질이 속임수라는 생각을 강조하는 것 이상은 없기 때문이다. 그렇지만 본질이 속임수인 세계라는 생각을 데카르트처럼 철저하게 밀어붙여 세계에 확실한 것은 전혀 없다는 주장까지 나아간 사람은 거의 없다. 다만 이런 생각을 데카르트를 넘어설 정도로 밀어붙인 극소수의 인물이 언어의 본성이야말로 거짓됨이라고 선포했다.

그런 시도 가운데 가장 인상적인 것의 주인은 다른 누구도 아닌 마르틴 하이데거다. 그럼 그렇지, 하이데거야말로 그런 생각을 하고도 남을 사람이잖아 하고 무릎을 치는 독자가 분명히 있을 것이다. 자신의 사유 일기 『검은 노트』•에서 하이데거는 거짓됨의 탐색이야말로 철학을 하는 유일한 방법이라고 선언했다. 어째서 진정한 사상가께서는 독일 사상의 위대한 시기가 다시 찾아오기까지 모든 본질적인 것을 한사코 침묵했을까? 아니 무엇보다 자기의 진짜 생각을 큰소리로 이야기하지 않았을까? 메스키르히 출신의 이 철학자는 교수로 재직할 때는 물론이고 은퇴 후에도 사람이 어떻게 예의바르게 거짓말을 하는지 놀라울 정도로 잘 알았다. 그러나 한나 아렌트가 1924년 마르부르크로 하이데거에게 철학을 배우기 위해 찾아갔을 때 그가 철학의 숨은 왕으로 여겨진 데에는 그럴 만한 충분한 근거가 있다. 1923년에서 1924년에 걸친 겨울학기 강의에서 하이데거는 번뜩이는 착상을 뿜어대며 철저히 깊게 파고드는 심오함이 어떤 용기를 요구하는지 몸소 웅변했다. 거짓과 속임수를 두고 성찰하고자 하는 사람은 피해서는 안 되는 용기였다. 자신의 주저 『존재와 시간』Sein und Zeit(1927), 말이 나온 김에 짚고 넘어가

• 『검은 노트』Schwarze Hefte는 하이데거가 1931~1975년까지 사유를 기록한 일기로, 사후에 유고로 출간할 것을 목적으로 쓴 것이다. 전집판에서 총 아홉 권으로 출간되었다.

자면 하이데거는 나중에 자신이 쓴 책 가운데 이 책이 후회되는
대목이 가장 많다고 술회했는데, 어쨌거나 이 주저가 출간되기
3년 전 하이데거는 『현상학 연구 입문』에서 무엇보다도 왜 세
계가 실제로 거짓으로 가득한지 설명했다. 아무려나 우리가 아
는 하이데거와 향후 그의 행보가 의심할 바 없이 더욱 실망스러
웠다는 점은 한동안 접어두기로 하자(혹시나 하이데거 전집판
의 제17권은 직접 구입하지 말라고 독자 여러분에게 권고하고
싶다. 오로지 그 이유는 이 책에서 뭔가 얻어내려면 하이데거
투의 문장을 읽어내야 하고 그리스어와 라틴어를 할 줄 알아야
한다는 데 있다).**

　　세계는 본질적으로 허상이기 때문에 인간은 거짓말을 할 수
있다고 하이데거는 말한다. "그 특별한 존재 성격상 속임수의
가능성을 제공하는 세계" 안에서 인간은 말을 하는 존재라는
사실 하나만 보아도 내적인 연관, 허상과 거짓말의 연관은 분명
해진다. 우리 인간이 '언어'라는 도구를 가지고 진실을 전달하
기보다 덮어버리고 숨기는 태도가 우연은 아니라는 것이 하이
데거의 주장이다. 서로 속일 가능성은 "일차적으로 인간의 잘
못된 관점 탓에 생겨나는 게 아니라, 존재자 자체가 가진 본성"
이다. '존재자'das Seiende인 세계는 자기 존재와 그 끝을 아는
인간과 다르다. 자신이 언젠가는 죽는다는 것을 아는 인간은 지

** 　　하이데거 전집판은 1975년에 하이데거 자신이 기획한 것으로 그가 사망한
1976년 이래 발간되어 전부 102권에 이른다. 제17권 『현상학 연구 입문』은 1923/24
년 겨울학기의 강의 원고를 편집한 책이다. 이 대목에서 저자는 하이데거의 친나치 행
적과 반유대주의를 겨누고 있다.

205

금 이 순간을 살아가는 '현존재'Dasein다. 속임수의 가능성을 언급하며 하이데거는 인간을 말하지 않았다. 우리에게 단 한 번도 명확해본 적이 없는 세계는 그 자체로 속임수의 가능성이다. 곧 거짓말을 한다는 것은 우리 인간의 잘못이지만, "극복해야 하는 나쁜 본성"이 아니다. 거짓의 원인은 존재자, 곧 있는 그대로의 세계다. 유념해야 할 점은 하이데거도 윤리가 아니라 인식론을 말하고 있다는 것이다. 이 남자 역시 누군가 자신을 속였다면 큰 상처를 받았다는 반응을 보였을 것이다.

그러니까 하이데거의 이런 논의는 미리부터 자신은 잘못이 없다고 변명하려는 게 아니라, 거짓이라는 사안을 이해하려는 시도다. 그렇지만 바로 그래서 기만은 인간이 가진 가능성인 것처럼 보인다. 우리가 언어를 쓴다는 사실은 세계의 본성을 그대로 반영하기 때문이다. 언어가 없이는 거짓도 없다는 하이데거의 말을 우리는 오래 고민할 거 없이 곧장 인정할 수 있다. 이 말은 소통의 가능성을 염두에 둔 것이라면 분명 맞다. 이때 하이데거가 소통을 기호 체계나 체계들을 아우르는 상위 체계, 둘 가운데 무엇으로 생각했는지 하는 물음은 제쳐놓고라도 언어 없이 거짓도 없다는 진단은 정확하다. 그러나 어째서 "속임수의 가능성이 세계일까?" 그 중요한 근거는 세 가지다.

우리는 세계에 속을 따름이다

세계는 늘 우리의 눈에 구체적인 대상들로 나타난다. 다시 말해 세계는 항상 특정한 상황으로만 나타난다. 칸트라면 어떤 대상이 특정 장소와 특정 시간에 다른 것들과의 특정한 관계로 나타난다고 말할 것이다. 대상은 이처럼 그것이 나타나는 정황과 떼어 생각할 수 없는 것이다. 우리는 이 대상이 무엇인지 지각하기 위해 의식적으로 정황을 자세히 살펴야 한다. 그러나 이 대상을 지각했다 하더라도 이게 무엇인지 말할 가능성은 무수히 많기만 하다. 하이데거가 염두에 둔 것은 왜 인간이 단순히 무한하게 많은 감각인상, 똑같은 값을 가지는 감각인상을 가지는 데 그치지 않고 바로 그 대상이라고 보느냐 하는 철학의 가장 어려운 문제 가운데 하나다.

한번 당신이 있는 장소를 둘러보고 관찰 대상에 무엇이 있는지 자문해본다면, 이게 무슨 말인지 감이 올 것이다. 우리는 항상 무엇을 주목해야 할지 결정해야 한다. 물병? 병마개? 상표? 벽에 걸린 그림? 그 액자의 색? 우리는 찻잔 또는 그 제작자 또는 차의 맛 가운데 무엇에 관심을 가지는가? 더욱이 대상은 우리가 이름을 불러줘야 비로소 대상이 된다. 우리는 이름을 부르기 전에 정확히 무엇을 보기 원하는지 결정해야 한다. 우리 인간은 특별한 수고를 들이지 않고도 관심 대상을 콕 짚어 두뇌 속의 서랍을 열고 닫는 일 없이 맞춤한 이름을 부른다. 정말이지 대단한 이런 재능은 우리의 생각 능력을 최대한으로 끌어올린다. 그럼에도 뇌 연구는 오늘날까지 뇌의 어떤 영역이 이런 실력을 보여주는지 확인하지 못했다. 칸트였다면 인간이 어떻게 대상들을 조합해내는지 이해하기 위해 텔로스 판단력을 좀 더 면밀히 성찰해보라고 권했을 것이다. 그러나 하이데거는 전혀 다른 문제에 관심을 가졌다. 인간은 자신이 말하고자 하는 대상을 놀라울 정도로 자유자재로 구성해낼 능력을 가진 것뿐만이 아니다. 더 나아가 인간은 이런 대상 구성 능력을 가져야 세계 안에서 살아갈 수 있다. 세계는 그냥 단순하게 대상을 인간에게 배달하지 않기 때문이다. 속임수의 가능성으로서의 세계는 바로 이런 '정황'을 뜻한다. 이 정황이란 곧 우리한테 어떤 것은 항상 다른 것과 함께 만날 수밖에 없는 상황에 처해 있음을 의미한다. 우리는 단순히 사물을 보는 것이 아니다. 우리는 무수한 현상을 보면서 어떤 것을 콕 짚어내 이름을 불러주어 이 무수함의 범위를 좁힌다. 어떤 것의 이름을 부른다는 것은 무수한 다른 것들은 배경으로 밀려난다는 뜻이다. 그런데 이름으로 쓰이는 단어는 해당 사물을 비추는 거울이 아니다. 단어는 그 사물을 이렇게 보고 싶다는 우리의 해석이다. 나는 이런 해석을 지극히 다양한 방식으로, 또 다양한 관점에서 하기 때문에, 모든 단어는 항상 너무 다의적인 동시에 너무 좁은 의미를 가진다. 지각한 것을 어떤 단어 하나만으로 부르는 것은 다른 가능성을 숨어버리는 것, 곧 속임수이다. 우리가 하나의 의미만 가진 것처럼 쓰는 단어는 사실 주변의 다른 것들을 어떻게 보느냐에 따라 전혀 다른 의미를 가질 수 있다.

속임수가 가능한 둘째 근거는 세계 경험, 곧 우리 인간에게는 경험하지 못함인 세계 경험과 관련이 있다. 꿈을 꾸었다는 것은 경험인가, 아닌가? 경험인 동시에 경험하지 못함이다. 어둠도 마찬가지다. 이처럼 우리는 저기 뭔가 있다고 알기는 하는데, 그게 정확히 무엇인지 모른다. 특히 우리를 혼란에 빠뜨리는 현상은 안개다. 우리는 기꺼이 그게 뭔지 알고 싶지만, 결코 알아낼 수 없다. 하이데거는 이런 세계 경험을 두고 '세계의 회피성'이라고 불렀다. "사물은 우리를 피한다. 그러나 그렇다고 사라지는 것은 아니다." 저기 뭔가 있다고 알기는 하는데 우리는 두 눈으로 볼 수 없다. 필연적으로 우리는 인식 능력의 부족과 스스로 방향을 찾을 수 없는 무력감을 경험한다. 그러나 이런 것이 우리 잘못은 아니다. 우리는 잘못 보기도 하며, 또 정확히 들여다본다고 해도 아무 소용이 없다는 점을 간과한다.

　속임수가 가능한 셋째 근거는 더욱 까다롭다. 하이데거는 이 속임수의 가능성을 세계가 우리에게 "제공"한다고 표현했다. 언어는 사물에 이름을 붙여 함께 세계를 이야기할 가능성을 우리에게 제공한다. 그러나 똑같은 언어는 우리에게 그냥 "따라 말하고" 또 "함께 말하는 것"을 가능하게 해준다. "언어는 사물을 직접 다루는 것으로부터 우리를 밀어내는 독특한 권력을 행사한다." 간단하게 말하자면 언어는 우리가 서로 세계를 밝히 보도록 하는 것을 반드시 의미하지 않는다. 우리가 많은 경우 세계를 말한다고 생각하지만, 실제로 오로지 단어만 늘어놓는 것은 언어의 본성 탓이다. 마치 정확한 말을 한다는 것이 무엇인지 잘 알면서도 그저 노랫가락을 흥얼거리는 것 같은 말투를 무슨 심오한 진술인 양 받아들이는 착각은 언어의 속성 탓에 빚어진다.

　속임을 당하는 이 세 가지 가능성은 우리가 사물에 올바로 접근할 줄 몰라서, 곧 보다 더 철저하게 바라보지 않아서 현실로 나타나는 것이 아니다. 속임수는 단지 세계가 바로 그렇기 때문에, 우리의 본성 탓에 가능해질 뿐이다. 우리가 우리 자신을 속이는 것이 아니다. 우리는 세계에 속을 따름이다. 그리고 우리로 하여금 속도록 권력을 행사하는 것은 언어다. 언어를 쓰는 우리의 능력과 세계의 상태는 서로 부단히 맞물리며 맥락을 형성하기 때문이다. 이런 맥락을 주목함으로써 하이데거는 실제로 데카르트와 그의 '게니우스 말리그누스'를 넘어서는 결정적 행보를 이루어냈다. 거짓말은 착각이 세계의 가능성이며, 우리가 세계의 일부이기 때문에 가능하다. 우리가 서로 속일 가능성을 배우는 이유는 세계의 사물이 잘못 파악될 여지를 가졌다는 데 있다. 바꿔 말해 우리는 잘못 파악될 수 있는 세계 탓에 서로 속이는 법을 배운다.

거짓의 피안

인식이론가는 일반적으로 사물에 이름을 붙여 부르며 우리가 이 사물을 두고 의견을 교환하는 것, 곧 세계의 인식을 정확히 묘사할 수 있기를 희망한다. 이런 희망은 실상이 아니라 가상을 비추는 거울의 방을 빠져나올 수 있었으면 하고 바라는 것이기도 하다. 무엇을 정확히 알 수 있으며 어떤 것은 그렇지 않은지 물음을 제기하면 진실의 앎은 얼마든지 가능하리라고 우리는 믿는다. 기호 이론 역시 인간이 세계를 생각하면서 하는 일은 세계의 정황과 무관할 수 없다고 전제한다. 인간은 세계와 확실하게 관계하고자 하는 희망으로 기호가 실제로 대상의 참모습을 담아내기를 희망한다. 소통은 실제로 세계를 두고 의견을 나누는 일이 가능할 때에 의미가 있다. 그러나 안타깝게도 데카르트와 하이데거가 옳았다. 희망만으로 세계와의 확실한 관계는 이루어지지 않는다.

그러나 하이데거에게서 다른 배울 점이 있다면, 그것은 곧 세계를 암울하게 바라보는 관점이 얼마나 빠르게 마법의 사고에 사로잡히는지 지켜보며 얻는 교훈이다. 이 걸출한 재능을 가진 철학자가 속임수를 구사하는 세계정신을 정말 진지한 마음으로 찬양하지 않으려 했다는 점을 믿는다 할지라도, 그의 단어 선택은 왜 이랬을까 아쉬울 정도로 항상 명확하지 않다. "속임수의 가능성으로서의 세계"라는 표현은 우리가 실제 속고 속인다는 주어진 가능성을 뜻하기는 하지만, 그렇다고 세계가 무슨 음험한 의도를 가지고 우리를 따라다니며 거짓으로 피해를 준다는 식으로 오해할 소지가 있지 않았을까?

인간은 무언가 괴이한 일을 겪을 때마다 어떤 은밀한 힘이 작용해서 그런 것이라고 쉽사리 믿기는 한다. 그리고 분명 우리 자신은 자연의 일부임에도 심지어 우리 자신의 본성, 곧 자연조차 낯설게 느끼는 일은 괴이하기만 하다. 데카르트든 하이데거든 이런 괴이함을 본격적으로 의심할 용기를 보인 것은 사실이다. 인간이 하는 일이 이탈리아 사람들이 즐겨 말하듯 "다레 코르포 알레 옴브레"dare corpo alle ombre, 즉 "그림자에 몸을 주다"라는 표현처럼 허상을 무슨 실체로 여기는 게 아닌지 우리가 어떻게 아는가? 그리고 어떻게 해야 우리는 이런 모든 속임수의 미로, 특히 안개를 바라보는 두려움으로부터 다시 빠져나올 수 있을까?

하이데거의 전기를 쓴 사람에게 이 질문에 대한 답을 구한다고 해도 그 답은 본보기로 추천할 만하지 않다. 마르틴 하이데거는 다른 사람들이 따라 말하고 함께 말하는 것을 철두철미무시한 나머지 생각 없는 인생을 산다는 거센 비판을 받아야 했으며, 거칠 것 없이 독일 사상가의 제왕으로 외롭게 군림하며여생을 보냈다. 대제사장으로 손에 잡은 권력을 '존재' 자체의것으로 돌려야 함을 잘 알면서도 하이데거는 모든 것이 오로지자신만이 아는 것에 속은 결과라는 점을 확신했다. 다시 말해세계가 속였다고 하는 그의 말은 사실 그 자신이 우리를 속였다는 자백과 다르지 않다. 자칭 언어의 제왕으로서 그는 속임수의이론과 실천에서 진정한 챔피언의 자리에 올랐다. 이렇게 생각속에서 외로운 방황을 즐기기로 결정한 사람을 의도적으로 따로 찾아보기도 어렵다.

자신의 방법적 회의가 화형대에 오르게 만들 매우 현실적인 구실임을 잘 알았던 르네 데카르트는 17세기에 이러저러해야 한다고 권력이 규정한 신의 존재를 증명하는 일에 매달렸다.이 신은 그 어떤 '게니우스 말리그누스'보다도 훨씬 더 강력하다. 거짓말을 절대 하지 않는 이 신은 분명 데카르트의 이름을전 세계에 알렸다. 오늘을 살아가는 우리가 데카르트의 미로 탈출구를 가지고 무얼 어찌해야 좋을지 난감하기는 할지라도, 데카르트 덕분에 귀중한 가르침 하나는 확실하게 얻었다. 이 가르침은 어떻게 해야 도대체 그런 미로에 빠지게 되는지 몸소 보여준 행보다. 데카르트가 감행한 것은 끝까지 파고드는 철저한 생각의 실험, 곧 『제1철학에 관한 성찰』이다. 피할 수 없이 외로운 "나는 생각한다"로 끝나는 절대적 진실의 물음은 인생을 사는 인간이라면 누구나 한 번쯤 스스로 자신에게 제기해야 마땅하다. 그러나 딱 한 번이면 족하다. 데카르트가 보여준 철저함 때문에 생각하는 일은 오로지 벽난로 앞에 편안히 앉아 발이 따뜻하며 비를 가려줄 지붕을 가진 사람만이 할 수 있는 일이 되었다. "나는 생각한다"라는 가장 심오한 충격은 그러나 안락의자의 편안함, 곧 확실함 속에서 얻은 것일 뿐이다. 우리가 찾고자 하는 균형은 어디서 확실한 발판을 찾을까 걱정함에서가 아니라 운동에 집중함으로써 얻어진다. 결국 우리 인식 능력과 세계를 바라보는 철저한 의심이든, 혹시 속는 것은 아닐까 하는 우리의 두려움이든 중요한 물음은 한결같다. 우리가 생각함이라는 안락의자에서 다시 일어나 인생의 현장으로 돌아가고자 할 때 "나는 생각한다"라는 충격으로부터 어떤 교훈을 이끌어내야 할까? 우리는 비록 정황일 수밖에 없으며 더욱이 회피하는 세계와 거짓말하며 쉽게 믿는 사람들에 둘러싸여 있을지라도, 언제든 손님을 초대해 함께 차를 마시며 대화를 나눌 수 있다. 왜? 이유는 간단하다. 우리는 뭔가 하고 싶은 말이 있으며, 초대받은 상대는 우리의 말을 잘 알아듣기 때문이다.

다시 묻자. 생각함이라는 지하세계로의 추락으로부터 우리는 무엇을 얻어내야 할까?

배울 점은 그런 실험을 감행한 동기다. 속임수의 피안에도 뭔가 존재할까? 우리 인생을 떠받드는 확실함이 존재하기는 할까? 이런 물음의 답을 찾고자 했던 것이 실험의 동기였다. 우리가 절대적 진실을 물어서 그런 것만은 아니다. 우리는 달리 선택할 것이 없기 때문에, 절대적 진실을 무조건 필요로 하기 때문에 거짓의 피안을 묻는다. 우리의 인식 능력이 불완전하고 우리가 기꺼이 두었으면 하는 것보다 세계가 훨씬 더 멀리 떨어져 있다는 점을 인정한다 할지라도, 우리는 개인이 필연적으로 실패할 수밖에 없는 문제를 함께 힘을 모아 해결할 기회만큼은 포기할 수 없다.

타인의 시선

나 자신만 올바르면 그만이다?

"나는 이 지구상에서 철저히 혼자였네. 형제도 이웃도 친구도 없어 나 자신 외에는 어울릴 사람이 없었네." 외롭게 생각하며 걸어야 하는 길은 특히 거짓말을 다루는 경우 철학에서만 오랜 전통이 있는 게 아니다. 18세기 사회비판가 장 자크 루소는 예로부터 생각의 방법으로 칭송받아온 것을 문학으로 다루었다. 그의 책『고독한 산책자의 몽상』은 인간 혐오와 자학 사이에서 중간 정도의 길을 찾아내 고독한 산책을 하며 거짓말을 천착하는 이야기다. 인간은 자신이 후회할 각오를 보이는 한에서 모든 앞뒤가 맞지 않는 말에 늠름하게 욕설을 퍼부을 수 있다. 항상 그렇듯 죄가 문제이니까. 루소의 네 번째 산책은 누구라도 곧장 알아볼 수 있듯 거짓말에 짓는 한숨이다. 나는 정말 기꺼이 나 자신이 원한 그 정도로 솔직했을까, 그리고 내가 솔직하지 못했으며 또 앞으로도 그럴 수 없는 책임은 다른 사람의 몫일까? 물론 자연 속을 거니는 산책을 하며 자신에게 솔직했느냐며 부담스러운 질문을 하지 않는 사람은 자기 죄라고는 전혀 모르는 거짓말쟁이다. 우호적으로 말해 위대한 편집자인 루소는 독자가 '아 지금 내 문제를 말하는구나' 하고 쉽사리 믿을 정도로 글을 우아하게 쓸 줄 알았다. 루소는 고백문학이 흔히 그렇듯 결국 단호한 자화자찬으로 빠지지 않는다. "나는 많은 경우 진실이 낯설게 보이도록 자극을 꾸미기는 했지만, 내 잘못을 은폐하거나 주제넘은 덕목을 치장하려고 거짓말을 한 적은 결코 없다." 물론 이런 말 자체가 거짓말이라는 점을 뺀다면.

주지하듯 이 프랑스 철학자는 인간 사회가 그 어떤 선한 일을 해내리라는 믿음을 거의 가지지 않았다. 그에게는 오로지 자연적인 인간만이 선한 인간이다. 그러나 자연적 인간은 그 자신이 모든 것이다. 다시 말해 그는 우리를 필요로 하지 않는다. 그래서 자연적 인간은 오로지 자신만이 절대적 전체라고 자처하는 것과 전혀 다른 가치도 있지 않을까 하는 고민을 아예 하지 않는다. 자연적 인간이 생각하는 타인이란 그를 미워하고, 그를 없앨 음모를 꾸미며, 그가 좋아하는 것이라면 무엇이든 가로막고 구박하는 악한일 뿐이다. 이런 타인들이 진실이 무엇인지 알기는 할까? 나는 오로지 나 자신에게만 올바르면 된다. 그래서 거짓말이 비난받아 마땅한 이유는 내가 나 자신의 품위를 지켜야 한다는 의무를 게을리했다는 것일 뿐이다. 그래서 우리 모두

216

는 함께 한숨을 쉬며 하루 일과로 되돌아갈 따름이다. 이런 거짓된 세상 안에서 하루 일과를 해내는 것 말고 달리 무슨 할 일이 있을까?

진실의 힘

속는 일만큼은 피하고자 시도했던 르네 데카르트와 마찬가지로 물론 우리 인간은 거짓말도 피하려 시도할 수 있다. 이런 시도를 위해 필요한 유일한 것은 인간 공동체를 일관되게 거부하고 오로지 자기와의 대화에만 만족할 줄 아는 각오다. 그러나 극소수의 사람만 이런 생각을 매력적으로 여기는 이유는 공동체를 피해 홀로 있을 곳이 턱없이 부족하다는 것만은 아니다. 더 나아가 인간은 꼭 그러지 않아도 되는데 굳이 다른 사람을 찾아 같이 있기를 즐기는 동물이다. 실제로 우리가 타인들과 더불어 사는 삶이 진정 무엇을 할 수 있는지 가르쳐주지 않았더라면 굳이 거짓말의 피해를 두고 고민하지 않았을 것이다.

언제나 특정 시간과 공간에 얽매일 수밖에 없는 제한된 생각 능력을 가진 존재는 자기 경험을 공유해주는 다른 사람들이 없다면 세계를 바라보는 인식에서 멀리 나아가지 못할 게 틀림없다. 세계가 근본적으로 허위라며 내쉬는 모든 한숨에도, 진실은 인간들이 함께 힘을 모아 세계를 바꿔나가는 곳이면 어디서나 그 힘을 발휘해왔다. 우리 인간들이 함께 머리를 맞대고 세우는 목표는 진실을 필수적인 것으로 만들며, 이런 목표로 변화된 현실은 우리가 솔직함이 없이 처신할 때 어떤 결과가 찾아오는지 절대 매수당하지 않을 단호함으로 보여준다. 다른 사람과 힘을 모아 집을 지으려는 인간은 상대가 직각이 무엇인지 실제 아는지, 아니면 안다고 주장만 하는 것인지 금세 알아차린다. 인간들이 합리적인 목적의 관심으로 의기투합한다면, 거짓말이 들어설 공간은 사라지며, 무엇보다도 거짓말은 그 매력을 잃는다. 간교한 전술은 성당을 짓기 위한 모금은 할 수 있지만, 우리 몸을 누일 오두막 한 채도 짓지 못한다.

거짓말을 확률로 알아낼 수 있을까

인간이라면 누구나 자신이 필요하면 진실을 원한다. 그러나 진실이 필요한지와 상관없이 묻는 진실은 어떤 것일까? 그리고 모든 신 존재 증명이 우리가 만든 것에 불과하며 '존재'*가 아무런 답을 해주지 않는데 우리는 누구에게 진실을 물어야 할까? 길이 어디로 향하는지 알지 않고도 그냥 편안한 마음으로 함께 산책을 갈 수 있을 상대는 어떻게 찾을 수 있을까? 무엇보다도 거짓말이 따라오지 않는 산책은 어떻게 즐길 수 있을까?

아무런 이유 없이 무엇인가 서로 숨기려 하는 것은 아니기 때문에 우리는 위험을 감행하기 전에 안전 대책을 세우기 원한

* 이 경우 '존재'는 일반적으로 쓰는 'Sein'이 아니라 'Seyn'이다. 하이데거가 일반 '존재'(Sein)와 모든 것을 아우르는 '존재', 즉 신을 구별하기 위해 쓴 단어가 'Seyn'이다.

다. 믿기 전에 일단 테스트부터 해보자는 생각이야 나쁠 것이 없지 않은가? 모든 다른 것을 그 신뢰도가 입증되기까지는 근본부터 불신해야 한다는 발상은 어떤 계산법의 바탕을 이루는 것이다. 이 계산법이 정확히 무엇인지 아는 사람은 별로 없다. 수학적 통계가 말하는 이른바 '귀무 가설'은[•••] 아주 교묘한 함정을 가진 계산법이다. 대다수 사람들은 통계가 정확히 무엇을 뜻하는지 가려볼 상상력이 부족한 탓에 로토를 사거나 평균연령이라는 수치를 가지고 자신의 기대수명을 계산해낸다. 그러나 귀무 가설은 중요한 것이어서 법정 심리학도 채택한 방법이기 때문에 우리는 피할 수 없이 이것이 정확히 무엇인지 이해해야 한다.

귀무 가설이라는 계산은 언제나 의심, 이를테면 어떤 특정 물질이 알레르기를 유발한다는 의심으로 시작한다. 귀무 가설은 그 기댓값을 제로로 잡고 테스트를 진행해 확률이 제로가 아니라고 주장한다. 처음의 전제는 그 물질이 알레르기를 유발하지 않는다는 것이다. 그런 다음 환자를 관찰하며 이 가설에 모순되는 것이 나타나는지 살핀다. 그러나 환자가 해당 증상을 나타내지 않는다고 해서 물질의 안전성이 입증된 것은 아니라는 게 귀무 가설이다. 다시 말해 우연에 따른 변수를 고려해가며 확률 측정을 한 값이 제로라고 전제한다면, 그 값이 실제로 제로라는 증명은 전혀 나오지 않는다. 바로 그래서 법정 심리학은

[•••] null hypothesis. 귀무(제로) 가설은 설정한 가설이 진실할 확률이 적어 처음부터 버릴 것이 예상되는 가설로, 검증하려는 가설은 이 귀무 가설에 대해 대립 가설anti hypothesis이라고 부른다.

이 방법으로 반대의 경우를 나타내는 방증을 찾는다. 이런 식으로 심리학자는 법정의 진술에서 확률이 제로인 경우를 상정해 두고 그와 반대되는 단서를 빠르게 찾아낼 수 있다. 처음 볼 때에는 성공적이지 않아 보이는 수사 방법이지만 의외로 쉽게 단서를 찾는 방법 가운데 하나가 귀무 가설을 통한 것이다.

어떤 사람이 이미 한 번 거짓말을 한 적이 있다고 해서 그가 거짓말쟁이라고 확실하게 알아볼 수 있다는 생각은 간단한 계산 착오에 빠진 것이다. 우선 이런 기대는 인간의 자유가 얼마나 철저한 것인지 고려하지 않았다. 또 평소 거짓말을 하지 않는 태도를 관리해온 사람이라고 해도 원할 때면 얼마든지 태도를 바꾸어 거짓말을 할 수 있다. 추상적으로 들리는 이야기지만 실제 우리는 이런 생각의 함정에 끊임없이 빠진다. 한 무리의 탈세자들을 성공적으로 추적한 탐사 보도를 보며 우리가 반기기는커녕 곧 탈세자들은 분명 더 있을 거야 하는 짐작에 사로잡히는 이유도 같은 생각의 함정 탓이다. 세금을 사적인 용도로 갈취한 정치가를 보면서도 우리는 즉각 모든 정치가는 부패했는데 우리가 알아차리지 못한 것일 뿐이라는 결론을 내리곤 한다. 우리가 함께 힘을 모으면 더 많은 진실을 밝혀내고 거짓을 줄일 수 있으리라는 희망에 이런 취약한 계산법은 별로 도움이 되지 않는다. 거짓말을 확률로 알아낼 수 있다는 생각에 사로잡힌 사람은 홀로 살아야 하는 은둔 생활에서 절대 빠져나오지 못한다.

열려 있음

　　　　　　　　　　　통계학자에게 답은 아주 간단하다. 무조건적인 진실을 알아내기 위해 어떤 위험이라도 감당할 각오가 된 사람은 일단 믿고 어떤 결과가 주어질지 지켜보아야 한다. 무엇이 가능한지 말하는 데 그치지 않고 정확히 알고 싶은 사람은 실패를 감수할 수밖에 달리 선택할 것이 없다.

　우리라는 이름의 공동체로 확인할 수 있는 진실의 경험이 도움을 줄 수 있으리라는 희망은 진실을 다루는 두 가지 전혀 다른 방식을 혼동할 수 있다. 우리를 도와줄 수 있는 사람과 더불어 지식과 생각을 나누며 목표를 이루기 위해 진실을 다루는 방식은 정직함이다. 정직함은 오로지 이용 가능한 것과 실용적인 것에 제한되는 진실의 약속이다. 정직함이란 당사자가 하는 모든 말이 그 사람이 진실로 여기는 것과 정확히 맞아떨어지는 것을 뜻한다. 각자의 경험과 아이디어를 모으면 공통의 지식이 풍부해져 우리가 계획한 일을 성취할 힘이 주어짐을 우리는 안다. 정직함은 우리가 제공하는 경험과 생각이 다른 사람도 자기 경험과 생각을 내놓도록 부추긴다는 점에서 바람직하다. 그러나 실용적 관심으로만 접근하지 않고 자신이 거짓말을 할 가능성을 무조건적으로 포기하는 일방적 무장 해제를 감행하는 사람은 진실을 다룰 개방성을 약속해준다. 이런 열려 있음은 정직함과는 전혀 다른 것이다. 열려 있음이란 자신이 생각하는 모든 것을 말해준다는 것을 뜻한다.

　정직한 자세는 우리 자신이 세계에 대하여 가지는 확신과

221

지식을 타인의 시선에 노출시킨다. 그러나 나 자신을 열기로 결심하고 드러내는 것은 온전한 나 자신이다. 정직함이 실패한다면 불편하기 짝이 없는 잘못이 드러나기는 하지만, 그래도 힘을 모아 이런 잘못을 바로잡으며 다른 사람의 지식으로 혜택을 보는 것, 곧 배움의 기회가 열린다. 열린 자세가 실패한다면, 이는 단순한 실패를 넘어 개인적 파국을 초래할 수 있다. 그렇지만 권력의 피안에서 허심탄회한 대화가 가능한지 알고자 하는 사람에게는 다른 대안이 없다.

너를 향한 의지

타인이 지옥이라는 말은 내가 타인의 눈길 앞에
속절없이 노출되었다는 아주 특별한 의미에서
진실이다. 그러나 지옥은 타인이 없는 세상이기
도 하다. 그런 세상에서 나의 자아는 다른 자아
를 받아들일 수 없으며, 다른 자아가 그리워하는
대상이 되지도 못한다.

— 장 아메리(오스트리아 작가),
『이겨낼 수 없던 방랑 시절』(1971)

'너'를 어떻게 만날 수 있을까

인간은 타인과 우리라는 이름의
현실 안으로 태어난다. 타인과 우리를 알지 않아도 되는 선택권
을 인간은 가지지 않는다. 어른이 된다는 것은 항상 그때그때
사회를 이루는 지식과 언어를 취득하면서 이 세계 안에서 활동
한다는 것을 뜻한다. 타인은 항상 우리가 타인이 누구인지 물어
보기도 전에 이 세계의 일부분이다. 공동체를 떠나기로 결심한
사람이라 할지라도 타인과의 관계에 비추어 자신을 생각하는
일을 멈출 수가 없다. 타인과의 관계를 벗어나려 할수록, 피할
수 없이 타인의 생각은 집요하게 따라붙는다. 마치 홀로 외롭게
산책을 하면서도 타인을 떠올리듯. 타인은 우리와는 반대로 외
로움이라는 생각을 우리에게 심어주기 때문이다. 그러나 외로

움만 있는 것은 물론 아니다. 타인은 또 우리가 자기 모습을 비추어보는 거울이기도 하다. 우리 인간은 르네 데카르트가 자신의 실험에서 묘사했듯, 단지 생각과 감각의 묶음이 아닌, 인격체다. 인격체로서 우리는 타인을 통해 비춰본 나의 인격을 곱씹는다. 자신의 자아를 체험하는 우리의 능력은 결코 통일적인 그림을 만들어내지 못한다. 우리는 측량기사의 문제를 가졌다. 우리는 측량으로 지도를 그려낼 수는 있다. 이 지도로 방향을 잡아나가는 일도 가능하다. 그러나 지구라는 별이 어떤 모습인지는 지구를 벗어난 외부의 관점만이 보여줄 수 있다. 한나 아렌트가 정확히 표현했듯, 타인이 없다면 자기가 누구인지 알 수 있는 사람은 아무도 없다.

공동체는 우리가 서로를 통해 자신을 알 수 있는 많은 사람 가운데 한 명임을, 그러나 개인의 전모는 결코 알 수 없음도 함께 알려준다. 우리의 일원이 된다는 것은 항상 보여줌인 동시에 보여주지 않음을 뜻한다. 우리는 자신을 알리기 위해 생각과 느낌을 표현할 뿐만 아니라, 생각과 느낌을 본래와 다르게 위장하기도 한다. 바로 그렇기 때문에 우리는 다른 모습으로 보이기도 한다. 심지어 위장의 수준을 넘어 속이려 들기도 한다. 타인도 똑같이 할 수 있기 때문에 우리로 살아간다는 일이 드러냄과 위장의 연속임을 안다. 또 타인은 우리가 누구인지 개념으로 정해 이름으로 부르려 한다. 그러나 우리가 무엇인지는 개인의 비밀이다. 적어도 개인이 스스로 밝힐 때까지는.

바로 그래서 진리를 오로지 '나' 또는 '본래성'에서 찾으려는 생각은 세계를 가지지 못한 허망한 것이다. 대화가 독백일 수야 없지 않은가. 그러나 우리는 생각 실험을 할 수 있기 때문에 인간들이 서로 자기실현이라는 목적을 위한 수단인지, 아니면 자기 모습을 비춰보고 수정하는 거울일 뿐인지 물어볼 수 있다.

'너'는 내가 우리처럼 미리 주어지는 것으로 받아들일 수 없다. 다시 말해 '너'는 타고난 세계의 일부가 아니다. 또 '너'는 생물학적으로 반드시 주어지는 것도 아니다. 물론 우리는 어울려야 살아갈 수 있는 존재며, 그래야 종족 번식도 보장되지만, '너'는 내가 의지로 만들어내야 한다. '너'를 찾아낼 때 나는 너와 더불어 서로를 염려해주며 살아갈 수 있다. 그 밖에도 '너'를 떠올릴 때 우리는 정의라는 개념을 추구한다. 정의는 오늘이든 미래든 공동체의 모든 성원이 원칙적으로 평등할 때에 가능하다. '너'를 상정할 때에 우리는 자신을 비춰보는 거울을, 우리의 개념적 사고를 인정할 수 있다는 점은 2000년이 넘는 철학사가 어렵지 않게 확인해주는 사실이다. 실질적으로 '나와 너'라는 문제를 다루지 않은 철학자는 단 한 명도 없기 때문이다. 그럼에도 우리가 꾸며낸 것이 아닌 실재하는 '너'를 어떻게 만날 수 있는지는 거짓말이라는 문제를 철저히 규명하기 전에는 풀 수 없는 수수께끼로 남는다.

함께 생각함이라는 현실

거짓말을 하는 사람을 믿는 것이 가능하다는 경험은 자기 눈으로 보는 현실이 아닌 세계를 꾸며

225

보여주는 대화에 우리가 얼마나 쉽게 현혹되는지를 보면 잘 알수 있다. 그만큼 성공적인 거짓말은 상대방의 생각과 느낌을 잘이해하고 그에 맞는 그림을 그려주기 때문에 가능하다. 이런 노련한 거짓말은 유용하며 성과 지향적이다. 더욱이 거짓말은 우리 인생을 다채롭게 꾸며주는 탓에 우리는 호기롭게 의기투합하기도 한다. 그렇지만 거짓말은 씁쓸한 뒷맛을 남기는 기억이다.

거짓말은 관심을 가지고 우리를 지켜보았음을 전제한다. 우리는 이런 관심에 믿음으로 응대했다. 이렇게 해서 생겨난 새로운 것이 세계를 가지지 못한 허망한 것으로 밝혀지는 순간, 떠오르는 물음은 상대가 거짓말을 하지 않았다면, 대화가 거짓에 기초하지 않았다면, 다시 말해 진실에 충실했다면 어떤 것이 생겨났을까 하는 것이다. 물론 진면목을 아는 것이 두렵기는 하다. 그러나 진면목을 알면서부터 우리는 예전에 만나본 적이 없는 현실, 곧 흉금을 터놓고 함께 생각함이라는 현실을 체험한다. 거짓말이 통할 수 있었던 것 역시 대화를 하고픈 욕구 때문이다. 곧 혼자 외롭게 생각하는 것이 아니라, 함께 머리를 맞대고 생각하고자 하는 갈망이 거짓말이 비집고 들어오는 계기가 되었다.

이처럼 타인의 시선을 갈망하면서도 우리를 속이는 거짓말을 막고자 하는 자세는 개방성을 감행하게 만든다. 우리는 거짓말로 세계를 상실하는 일이 없이 함께 생각함이 진정으로 가능한지 알아내고 싶어한다. 함께 하는 생각을 낭만적인 열애로 착각하지 않기 위해서 우리는 인식론을 이야기해야 한다. 함께 하는 생각이라는 실험의 위험은 실험 이전으로 되돌아갈 길이 없다는 것이다. 남는 것은 거짓말로 부끄러웠던 실망 이후의 새로운 출발일 뿐이다. 적어도 잘못된 믿음에 빠지는 것을 경고하고자 카를 야스퍼스는 『진실에 대하여』에서 상대를 약자로 굽어보고 속이는 부도덕한 거만을 고발한다. 그의 다음 글은 함께하는 생각은 우리가 동등하고 평등한 존재로 만날 때에 가능하다는 것을 잘 보여준다.

"우리는 상대가 진정성을 가질 가능성을 포기하지 않고 나부터 먼저 속을 열어 보이는 위험을 감수해야 한다. 나의 개방성이 진정성을 가지며, 그저 목적을 위한 수단이 아니라는 점을 보여줄 책임은 다른 누구도 아닌 나에게 있다. 나는 솔직함 그 자체이며, 내 목적을 위한 어떤 수단으로 개방성을 보이는 것이 아니다. 또 내가 어떤 인간을 믿고, 이 믿음이 어떻게 자라나며, 그리고 이 믿음이 진실이라는 보상을 얻을지 아니면 환멸을 안길지 하는 책임 역시 나의 몫이다."

이런 행보를 과감히 내딛지 못하는 사람은 당연히 이런 위험을 감수할 만한 가치를 가진 것이 정말 있는지 자문하리라.

대화로서의 생각함

"나에게 네 꿈을 빌려줘, 네 꿈으로 놀 수 있게."

— 페르난두 페소아/알베르투 카에이루
(포르투갈 작가), 『무리의 지킴이』(20세기 초)

가짜 오르가슴

거짓을 둘러싼 가장 큰 착각은 남성의 두려움 탓에 생겨난다. 성욕을 느끼는 것을 숨기기 어려워하는 남자는 성욕을 숨길 줄 아는 사람을 어쩔 수 없이 두려워하게 마련이다. 계속 읽다가 얼굴이 붉어지는 것은 아닐까 걱정하는 독자는 왜 인간이 자신을 숨기고 아무도 눈치채지 못하도록 거짓말을 할 욕구를 느끼는지 몸소 체험하는 것이다. 그러나 무엇보다도 우리는 이런 숨김과 거짓말이 매우 어렵다는 점을 경험한다. 우리가 숨겨야 하는 것은 당황함과 부끄러움처럼 우리를 난처하게 만드는 반응인 탓이다. 그럼에도 타인의 시선으로부터 보호받고 싶은 희망이 다른 것보다 더 크다고 하며 어떻게 하면 이런 속내를 숨길 수 있는지는 아무도 묻지 않는다.

거리를 둘 것이냐 아니면 속내를 솔직히 털어놓을 것이냐 둘 가운데 하나만 선택해야 하는 사람은 속내를 분명히 드러내 보인 바로 그곳에서 속는 것은 아닌지 두려운 나머지 거짓말이라는 현상을 새삼스럽게 바라본다.

"칸트라면 꾸며진 오르가슴을 분명 거짓말이라고 비난할 것이다." 자크 데리다가 1997년 『거짓말의 역사. 서론』에서 쓴 글이다. "꾸며진 오르가슴은 기분 좋음을 위해, 타인의 기분 좋음을 위해 의도적으로 그를 속이는 것이기 때문이다." 물론 데리다의 말은 전적으로 맞다. 아마도 칸트가 데리다가 한 것과 같은 경험을 누리지는 못했다 할지라도, 여성이 해석되어야 하는 밀도 높은 체험의 총화인 쾌감을 느꼈다고 꾸며 보였다면 그것은 분명 거짓말이다. 섹스를 통한 만남을 자기만족을 구하는 세련된 수단으로만 보지 않는 사람은 솔직하게 드러내고 체험된 욕구의 공동 경험을 갈구할 뿐, 연기를 원하지 않는다. 최고의 쾌감 경험은 언제나 통제의 상실이기도 하기 때문에, 이런 상태에서 인간은 마찬가지로 자기 욕구를 솔직하게 드러내는 상대만이 자기를 보아주기를 기대한다. 여성이 쾌락과 절정을 꾸며 보일 수는 있지만, 남성은 그러지 못한다는 것은 생물학적 사실이다. 오로지 경험이 없는 미숙한 남성만이 감정의 단순한 꾸밈을 여성에게서 확실하게 알아볼 수 있으리라는 희망을 포기하지 않는다. 그러나 여성은 뭐를 꾸며 보여주어야 하는지 너무도 잘 안다. 자기에게 진실을 말해줄지 아니면 거짓을 보여줄지 속절없이 여성의 결정에 매달려야 하는 바로 이 순간에서 남성이 거짓말의 뿌리를 보고자 한다면, 어떤 여성이 그를 비난할 수 있겠느냐?

"거짓말의 역사가 성적인 차이의 역사, 에로틱과 그 해석의 역사와 맞물려 있음을 보여주기 위해서는 한 번의 강의만으로는 턱없이 부족하다. 이런 역사들은 서로를 배제하지 않는다. 배제하기는커녕 거짓말의 패러다임은 본질적으로 섹스의 쾌락 경험과 확실하게 맞물려 있다."

거짓말을 엄격하게 금지한다면 우리가 마주해야 하는 실상이 어떤 것일까 하는 두려움은 여성을 사랑하는 남성이 모든 쾌감 가운데 가장 중요하다고 여겨온 것이 그저 환상은 아니었을까 하는 염려 못지않게 크다. 이 책이 섹스 경험을 논구하는 글이라면 이런 운명이 남성에게만 해당하는 게 결코 아니라는 확인은 당연히 언급되어야 할 것이다. 여성이라고 해서 그처럼 다른 사람에게 속지 않는다는 보장은 없다. 여성이 아닌 독자는 같은 여성이기만 해도 어떤 느낌이 왜 생겨나는지 충분히 알리라는 헛된 기대로 여성 의사를 찾아가본 여성들로부터 그런 보장은 없다는 확인을 받을 수 있다. 그러나 이 작은 책은 오로지 거짓말을 다룬 것이기 때문에 데리다의 말을 최소한 한 가지 점에서만큼 진지하게 받아들인다면, 우리는 굳이 얼굴을 붉히지 않아도 된다.

거짓말이 쾌락 경험과 맞물려 있다고 보는 사람은 그게 진짜 오르가슴이 아니었구나 하는 대단히 창피한 경험 탓에 가짜 오르가슴이 거짓된 사랑의 반증이라는 훨씬 더 큰 상실감에 사로잡힐 수 있다. 그러나 이런 사람이 보는 거짓 개념은 '거짓말'과 '거짓'을 혼동한 것에 지나지 않는다. 오르가슴을 꾸며 보이는 것은 목적이 있는 거짓말일 뿐, 반드시 거짓된 사랑의 반증은 아닐 수 있기 때문이다.

'거짓말'과 '거짓'을 혼동한 결과, 우리는 열린 자세를 고작 일종의 스트립쇼로만 이해한다. 스트립쇼는 다시금 목적과 부합하는 행동이며, 우리가 드러내놓고 이야기하기 꺼리는 것이다. 그러나 거짓말이 일종의 대화라는 점은 상대방의 무지함을 전략적으로 이용하는 꾸며진 쾌감에도 그대로 들어맞는다. 그래서 꾸며진 쾌감은 더 나쁘다. 이것은 자기 지각 능력의 경계를 알지 못하는 상대방에게 오로지 그럴싸하게 보이려는 인상을 심어주려는 목적만 가지기 때문이다.

거짓말의 이 사례가 지니는 실제로 심각한 문제는 정확히 상처받은 남성의 허영심이 아니다. 정작 심각한 문제는 목적을 가지고 꾸미는 거짓말이지, 그저 찰나의 휙 사라지는 가벼운 쾌락 따위에 상심 운운하는 허영심이 아닌 것이다. 꾸며진 오르가슴은 보기 드물게 왜 거짓말이 인간 인식의 가능성을 본질적으로 제한하는지 그 이유를 드러내준다. 거짓말을 하는 것은 있는 그대로를 보는 것을 방해할 뿐만 아니라, 인간이 상대에게 어떻게 지각되는지 끊임없이 염려하지 않는 솔직한 지각이 무엇인지 알아낼 우리의 가능성도 제한한다.

자기 경계를 넘어서기

인간은 대상을 구성하면서 실수를 저지를 수밖에 없다. 만져보고 이름을 붙여가며 그 전모를 묘사하면서 인식하는 과정은 완전할 수가 없기 때문이다. 세계 안에 존재하는 것 가운데 이렇게 저질러지는 실수를 바로잡을 수 있는 유일한 대상은 바로 인간 자신이다. 물론 다른 생명체도 우리에게 관심을 보여주며 우리가 묻는 물음에 나름대로 대응하기는 한다. 개나 고양이는 원하는 게 무엇인지 우리에게 신호를 보내거나, 우리가 옆에 함께 있어주는 게 편안한지 알려준다. 그러나 오로지 인간만이 상대의 관심을 받아들일지 말지 결정할 줄 안다. 인간은 그 관심이라는 것이 어떤 성격을 가졌는지 판단하고 서로의 관계를 확장하거나 거부할 수 있기 때문이다.

또 인간은 도덕의 문제와는 별개로 자신에게 가까이 다가오려는 다른 사람에게 그가 보여주는 관심 이상의 호감을 베풀 줄도 안다. 이렇게 해서 두 사람은 우리가 되어 서로 관점을 보충해주며 함께 세계를 탐색하기도 한다. 이런 경우 우리의 경험은 혼자인 경우보다 확실하게 확장된다. 우리는 지각 능력과 세계 해석 가능성의 경계를 함께 논의할 수 있을 뿐만 아니라, 가령 일종의 이성 비판을 쓸 수 있다. 그럼 다른 사람들이 이것을 읽고 자기 생각과 비교해가며 인식 능력을 키울 수 있다. 아무튼 '우리'가 할 수 있는 일은 많기만 하다. 더 나아가 우리는 서로에게 의식적으로 대상이 되어줄 수 있다. 어떤 사람이 우리를 그려보는 경험을 하기 원한다면, 우리는 가만히 서서 모델이 되어줄 수 있다. 세계의 한 부분인 우리는 이처럼 누군가에게 그가 가진 다양한 인식 능력을 활용해 우리를 경험하게 해준 다음, 정확히 어떤 점에서 그가 틀렸는지 말해줄 수 있다. 우리는 그가 알아냈다고 믿는 것이 오로지 그만의 진실일 뿐 현실은 아

232

니라고 말해줄 수도 있다.

　다른 사람에게 '너'가 되어주기를 감행하는 인간은 일정 정도 투명하게 자기를 보여줌으로써 상대가 자기를 인식할 수 있도록 관심을 베푼다. 이처럼 자연의 경계를 넘어서는 확실한 인식을 가능하도록 허락해주는 것은 오로지 세계를 이루는 한 부분인 우리만이 할 수 있는 일이다. 우리의 이런 능력이 없다면 우리가 경험하는 세계는 오로지 우리가 투사한 것, 곧 있는 그대로의 세계가 아니라 우리가 그려본 세계에 지나지 않는다. 자신이 그려본 세계가 전부라고 믿다가 현실과 호되게 부딪치는 인간은 왜 자신이 '우리'의 관점을 소홀히 여겨왔는지 뼈아프게 되새길 뿐이다. 그나마 냉철한 사람은 의식적인 생각으로 자기의 지각 도구로 그려본 세상이 있는 그대로의 세계와 어떤 차이가 있는지 따져볼 것이다. 그러나 인간이 서로의 관심을 소중히 여기고 상대가 자신을 경험할 수 있게 열린 자세를 취해주면, 비로소 우리는 거울을 비추는 일을 멈추고 현실을 직접 지각할 기회를 얻는다.

　현실을 직접 지각한다는 것은 그동안 벌어졌던 접근과 거부의 과정, 엶과 숨김의 과정, 또 그동안 우리가 의식적으로 경험을 방해하거나 왜곡해온 모든 수단을 드러내 보이고 느낄 수 있게 되어 더 많은 것을 배울 수 있게 되었음을 뜻한다. 현실이란 우리가 현실로 여겨온 것에 그치지 않는다. 그러리라 여겨온 것 이상의 현실, 이런 현실인 세계를 손으로 만지듯 경험한다는 것은 오로지 이 세계의 일부가 기꺼이 우리를 도와줄 때에만 가능하다. 누군가 우리에게 인식함과 세계 사이의 경계를 의식적으로 넘어설 수 있게 허락해줄 때에야 비로소 우리는 그동안 어떤 제한에 사로잡혀 있었는지 분명하게 깨닫는다. 바로 그래서 인간이 '너'라는 상대에게 쏟는 관심은, 열린 자세로 멈추어 서서 모델이 되어주는 것이 자기 포기가 아니듯, 일방적 헌신은 아닌 것이다.

의식적 생각으로 사실적인 것과 거리를 두는 인간의 특별한 능력은 우리의 지식을 반성하고 세계를 다르게 보는 시선을 허락하는 것으로, 다른 생명체에게서는 볼 수 없는 것이다. 그러나 이런 능력은 이에 그치지 않고 다른 사람에게 의식적으로 사실이 되어줌으로써 홀로 외로이 하는 생각으로 확인한 경계를 극복할 수 있게 해주는 것이기도 하다. 이런 경험을 통해 우리는 가까움과 멂, 같음과 다름을 새롭게 바라보며 그동안 갇혀 있던 한계를 극복한다. 의식적으로 자기를 열어놓는 자세는 거짓말할 기회를 포기하려는 시도 그 이상의 것이기도 하다. 이런 열린 자세는 다른 사람에게 거짓말이 실제로 무엇이며, 언제 대화가 거짓으로서의 현실을 만들어내는지 보여주려는 각오다.

'나'를 연다는 것, '너'를 부른다는 것

이해타산을 따지는 시각으로는 전혀 설명될 수 없는 이런 신뢰의 행보는 우리에게 타인을 '너'로 만나게 할 기회를 열어준다. 이런 만남의 기회가 열리는 것은 우리가 감행한 열린 자세가 이로써 이득을 보고자 했던 타인에게 자기를 되돌아볼 기회를 주었기 때문이다. 우리가 타인에게 우리 자신이 멈추어 서서 엷으로써 나와 세계와 숨김과 아집의 한계를 확장할 수 있게 허락할 때, 우리는 아무런 기능적 이해관계 없이 상대가 자신에게 제공된 열림을 어떻게 이용하는지 직관한다. 우리가 나를 엷으로써 상대도 나를 여는 이런 기적은 이마누엘 칸트가 이해관계를 따지지 않는 호의라고 부른 관점을 인간이 받아들일 때 언제나 일어난다. 이런 관점은 세계를 환히 밝혀주기 때문이다.

이런 이치는 우리가 열린 자세로 만나는 사람의 생각과 느낌에도 그대로 적용된다. 거짓말할 가능성을 포기함으로써 실제로 권력의 피안으로 향하는 대화가 가능해지는 이런 놀라운 현상은 타인도 우리의 열린 관심에 그대로 화답하기로 결심하기 때문에 일어난다. 그렇지 않고 도대체 이런 열린 자세가 무엇인지 이해하지 못하는 상대방은 자기의 유치함이 불러올 결과를 과소평가한다. 열린 자세를 함께 생각함이라는 것과는 다른 목적으로 이용할 수 있다고 생각하는 사람은 이로써 정확히 자신이 무조건 숨기고자 했던 것, 바로 그 자신을 고스란히 드러낸다. 역설적으로 보이기는 할지라도, 이런 자기 폭로는 모면할 수 없는 것이다. 열린 자세를 결심한 사람은 오로지 이런 결단으로 스스로의 보는 능력을 확장한다. '너'가 되어 달라는 제안에 역시 '너'라고 화답하는 사람만이 거짓말의 본성을 환히 꿰고서 거짓의 피안으로 넘어가는 행보를 감행할 때 환히 밝혀지는 세계를 볼 수 있다.

거짓말이라는 심연을 알고서 머리를 맞대고 그 깊이를 재어보려는 대화를 나누기로 결심하는 우리는 무엇보다도 '너'라고 부를 수 있는 사람을 만나는 현실을 만들어낸다. 거짓말이 앞으로 우리가 어떤 것을 현실로 여겨야 하는지 경계를 설정함으로써 순간을 넘어서는 효력을 발휘하는 것과 마찬가지로, 최소한 두 사람 이상이 머리를 맞대는 열린 자세는 이런 대화가 실패로 돌아갈지라도 독백으로서의 생각보다 훨씬 더 많은 것을 경험하게 할 가능성을 열어준다.

다시 말해 열린 대화는 순간에 국한하지 않는 열린 가능성을 약속한다. 대화로서의 생각을 통해 비로소 목적은 유쾌한 놀이가 된다. 이해타산을 떨쳐버린 우리의 목적, 곧 너와 내가 선택한 목적이 지혜롭고 매력적으로 보이기 때문이다. 또 이렇게 설정된 목적은 언제라도 다시 놓아버릴 수 있다. 이해타산이 없기에 집착하는 태도가 생기지 않는다. 자기주장만을 고집해서는 안 된다는 것을 깨달은 사람은 겸허한 자세를 보일 실험을 감행한다. 진실을 마주하고자 하는 시도는 아마도 우리가 공동체에서 경험하는 든든함은 절대 제공하지 못할 것이다. 이를테면 다음 축구 대항전에서 어느 쪽이 승리할지, 또는 편을 갈라 다투는 정쟁에서 국민이 누구의 손을 들어줄지, 또는 어느 도시가 더 화려한 성당을 지을지 하는 경쟁으로 얻어지는 단결심 같은 든든함을 진실의 실험은 제공하지 않는다. 물론 함께 성당을 지을지 말지 결정하는 개인의 자유는 공동체에 야유를 퍼붓고 싶은 욕구를 느낄 때마다 혼자 숲을 찾아가 아무도 듣지 못하게 이 욕구를 해결하는 한, 진정으로 성취되지 않는다.

솔직함에
대하여

———————————

네가 나에게 거짓말을 해서가 아니라,

내가 너를 더는 믿을 수 없어서

나는 무너져버렸어.

— 프리드리히 니체(독일 철학자), 『선과 악의 피안』(1886)

솔직함은 철학자의 꿈이다. 세상에 거짓말이 줄어들기만 한다면, 우리가 이루지 못할 것이 무엇이랴. 거짓말이 우리의 생각을 근본부터 마비시킨다는 사실을 깨닫는다면, 진실의 힘을 바라보는 믿음도 커질 것이다. 생각과 행동이 서로 어긋나지 않는 맥락을 믿기 시작하면, 그럼 마침내 누구나 생각이라는 수고로운 작업이 아무 쓸모가 없는 것이 아니라는 점을 깨달을 게 아닌가. 그러나 우리는 깨달음을 얻으려는 고된 싸움의 결실이 늘 사막의 바닥에 떨어져 말라비틀어지는 것을 무기력하게 지켜보기만 한다. 어째서 깨달음이라는 것은 그것이 먹기 좋은 과일임을 알기 전에 말라비틀어지고 말까.

"오 솔직함이여! 너 아스트라이아여, 땅에서 하늘로 날아올라간 너를 어떻게 해야 다시 우리에게 끌어내릴 수 있을까?" 이런 간절한 외침의 대상인 여신 아스트라이아는 한때 황금시대를 이룬 인간들 사이에서 살았다. 이 시대가 황금기인 이유는 아스트라이아가 정의와 평화를 가르쳐주었다는 데 있다. 그러나 아스트라이아는 끝내 이 가르침을 주기를 포기했다고 로마의 시인 오비디우스는 『변신』에서 들려준다. 아스트라이아는 신들 가운데 가장 마지막에 지구를 떠났다. 이후 여신의 수호를 원하는 사람은 고개를 들어 별이 가득한 하늘을 올려다보아야 한다. 그저 더 편하다는 이유만으로 거짓말을 일삼으며 생각의 힘을 무시한다면, 내 안의 도덕 법칙이 무슨 소용이랴? 정말이지 우리의 쾨니히스베르크 철학자*와 맞지 않는 그림이다. 그렇

* 칸트를 말함

239

지만 이 철학자를 하늘의 처녀 별자리를 간구하듯 우러러보지 않는가.

모든 생각, 모든 깨달음, 모든 인식은 인간이 행동에 나서며 그것을 무시해버리기로 결정한다면 헛될 뿐이다. 가장 영리한 존재가 자기 이성을 오로지 나쁜 일을 꾸미는 데만 쓰려 하는 것보다 끔찍한 일은 따로 없다. 그런데 정직하지 못함이 인간 사이의 관계에 얼마나 큰 해악을 끼치는지 깨닫지 못한다면, 널리 퍼진 거짓은 개인이 게을러 그 진위를 헤아려보지 않아 놓친 것을 최소한 공동체가 바로잡을 기회마저 빼앗는다. 그래서 결국 공동체마저도 거짓말할 권리를 주장한다! 개인도 공동체도 거짓말을 하찮은 죄라 부르게 된다. 이런 작태에 가장 크게 화를 낼 사람은 이마누엘 칸트다. 거짓말은 "암 덩어리로 인간 본성을 썩게 하는 오점이다." 이렇게 해서 최악의 상황이 일어난다. "인간이 가진 전체 가치는 이로써 완전히 파괴된다."

희망은 헛되이 날려 보내고 싶지 않으나 어제의 잘못을 면밀히 살피지 않는 사람을 누가 진지하게 받아들일까. 어쨌거나 칸트는 희망이 서린 시선을 받아 마땅하다. 실제로 칸트는 진실의 결정적 증거를 손 안에 쥐었다. 하늘의 별을 바라보던 시선을 되돌려 이성 비판의 앞으로 거짓말을 바라본다면, 이미 오래전에 확고해진 생각과 진실에 대한 믿음의 역사에서 우리는 진실의 결정적 증거를 찾아낼 수 있다.

인간은 누구나 자신이 생각하는 것만 말한다. 바로 그래서 우리는 속에 담아두고만 싶은 말을 입 밖으로 흘릴 때 불편해한다. 그저 실수였다 하더라도 이미 흘린 말은 주워 담을 수 없다.

그런 의도가 아니었음에도 상대는 얼굴을 붉힌다. 우리는 어려서부터 생각난다고 해서 모두 말해야 한다고 배우지 않는다. 말은 손해를 끼치고 상처를 줄 수 있기 때문이다. 특히 듣는 사람이 어떻게 받아들일지 주의하지 않고 하는 말은 비록 내 것이기는 하지만, 내 마음에 들지 않는 생각을 고스란히 드러낸다. 우리는 이것이 무례함일 수 있다는 것을 잘 안다. 예의, 신중함, 정치적 정당성, 외교술은 뻔뻔하거나 너무 무례하지 않게 계속 친밀함을 키워가려고 우리가 쓰는 방법이다. 그런데 예의로 상대방을 존중하려는 이런 아름다운 자세를 진실의 전략적 이용이라고 폄하하는 태도는 그만큼 거짓말의 본성을 잘 알지 못하다는 반증에 지나지 않는다. 거짓말쟁이의 숨기고 가려버리는 재능을 거짓이 아니라 신중함이라고 보는 태도도 그만큼 우리가 생각을 잘 알지 못하다는 반증이다. 거짓말을 하는 사람 역시 자신이 생각하는 것만 말한다. 인간은 타인의 생각을 두고도 생각할 수 있기 때문에 거짓말이 가능해진다. 독자 여러분도 마찬가지다. 지금까지 이 책의 논리를 따라오며 나의 생각을 곱씹으면서 이런 논리로 어떤 일을 벌일지 말지 얼마든지 결정할 수 있다.

거짓말을 하는 사람은 상대방의 생각을 바꿈으로써 그의 행동에 영향을 주려 시도한다. 거짓말을 읽어내는 법을 배운 사람은 우리의 생각이 가진 힘을 존중하는 세계를 발견한다. 이론과 실천의 일치, 생각과 행동의 일치를 꿈꿔온 사람들이 이 세계의 주민들이다. 솔직해야 이룰 수 있는 결과로 기대해온 이론과 실천의 일치는 이미 오래전부터 현실이었다.

거짓말이 무엇인지, 거짓말을 낳는 이 특별한 대화가 무엇인지 경험함을 통해서만 우리는 인간의 생각할 줄 아는 능력을 믿어야 할 근거를 발견한다. 거짓말한 사람과 속는 사람, 이제 두 사람은 함께 머리를 맞대고 생각함의 차원에 올라서서 거짓을 거짓으로 밝혀주는 이 생각함이 지닌 힘을 믿기 시작한다.

우리는 두 눈으로 이 힘을 확인하다. 이 힘은 눈을 의심하게 할 정도로 강력하다. 그렇다. 솔직함은 이제부터 비로소 시작이다.

감사의 말

관심을 베풀어주는 사람을 만나지 않고 대화로서의 생각함을 경험하기란 불가능한 일이다. 지극히 복잡한 사안에서 중요한 문제를 포착하고 명확한 답을 요구하는 기자의 능력은 나 자신의 생각을 새롭게 살펴볼 시각을 허락해주었다. 정말 아무리 감사를 드려도 부족하기만 하다. 그 밖에도 나는 두 번이나 서로 잘 이해하지 못하는 난감한 인터뷰를 했음에도 기자들이 솔직하게 자기 생각을 말해준 덕분에 어떻게 해야 나 자신이 쓴 사유 과정을 더욱 잘 다듬어 표현할 수 있는지 배웠다. 철학 책은 다양한 분야를 두루 섭렵한 노련한 독자일지라도 읽어내기가 간단치 않은데, 일주일 안에 핵심 내용을 다섯 개의 항목으로 요약해보라는 요구를 실습 기자에게 할 수 없었다는 기자들의 솔직한 고언에 몇 번이고 원고를 다시 매만져야 했다. 다음 기자 분들에게 감사를 드린다.

필립 애덤스Philip Adams(ABC RN Australien), 갈 베커만Gal Beckerman(Forward), 안드레아스 베크만Andreas Beckmann (DLF) 레오니 브레바르트Leonie Breebaart(Trouw), 론 칠락Ron Csillag(Canadian Jewish News), 외르크 데겐하르트Jörg Degenhardt(Deutschlandradio), 브리타 페케Britta Fecke(Deutschlandradio), 데이비드 프럼David Frum(Atlantic), 미하엘 기르케Michael Girke(Freitag), 데버러 하트먼Deborah Hartman(Yad Vashem Newsletter), 되르테 힌리히

스Dörthe Hinrichs(DLF), 자라 호프만Sarah Hofmann(Deutsche Welle), 제니퍼 헌터Jennifer Hunter(Toronto Star), 프랑크 요르단스Frank Jordans(Associated Press Berlin), 다니엘 카이저Daniel Kaiser(NDR), 예로엔 판 칸Jeroen van Kan(VPRO Boehen), 마이클 킴멜먼Michael Kimmelman(New York Times), 메흐트힐트 클라인 Mechthild Klein(Deutschlandfunk), 살바도르 마르티네즈Salvador Martínez(El Siglo), 존 폴 오맬리John Paul O'Malley(Times of Israel), 르네 마르텐스René Martens, 리자 마이어Lisa Mayr(Standard Wien), 안드레아 마이어Andrea Meier(Kulturzeit), 올리버 메너Oliver Menner(tz München), 캐서린 뉴마크Catherine Newmark(Philosophie Magazin), 마를레네 노보트니Marlene Nowotny(ORF), 마크 페리Marc Parry(Chronicle), 베티나 포일레케Bettina Peulecke(NDR), 알란 포제너Alan Posener(Welt), 레베카 라인하르트Rebekka Reinhard(Hohe Luft), 바르바라 렌노Barbara Renno(SR), 크리스티나 레이만Kristina Reymann(Deutsche Welle), 플로렌티야 판 루츠라아르Florentija van Rootselaar(Filosofie Magazine), 한스-빌헬름 자우레Hans-Wilhelm Saure(Bild-Zeitung), 요하난 쉘리엠 Jochanan Shelliem, 레나타 슈미트쿤츠Renata Schmidtkunz(ORF), 카이 슈미딩Kai Schmieding(Saarländischer Rundfunk), 제니퍼 슈슬러Jennifer Schuessler(New York Times), 다그마르 슈베르메르 Dagmar Schwermer(BR), 존 실버스John Silvers(PBS), 로넨 슈타인케Ronen Steinke(Süddeutsche Zeitung), 헤르만 벤호프Herman Veenhof(Nederlands Dagblad), 유리 벡슬러Yury Veksler(Radio Liberty), 잉고 찬더Ingo Zander(WDR), 사샤 치엔Sascha Ziehn(WDR 3).

이 책은 공동의 성취가 아니라면 아무도 손에 넣을 수 없었을 것이다. 참을성을 가지고 지켜봐주며 지친 나를 위로해준 클라라 폴라이Clara Polley와 두 번이나 내 책을 아름답게 디자인해준 아냐 지카Anja Sicka 그리고 교정부의 소중한 노력에 감사한다. 편집에 열의를 보여준 빌리 빙클러Willi Winkler에게 다시금 감사한다. 카프카라고 해서 항상 옳지는 않다는 그의 귀띔에도. 그리고 당연히 디터 리엘크Dieter Rielk에게 모든 것에 감사드린다.

매우 개인적인 추천 도서

거짓말, 거짓말하는 사람, 거짓을 다룬 문헌은 예상과 다르지 않게 매우 풍부하다. 어떤 부지런한 사람은 2012년에만 정확히 1540권이 출간되었다고 헤아렸다. 항상 제목이 약속해주는 내용은 아니었지만, 그래도 훌륭한 도서들의 목록은 계속 늘어나기만 했다. 흥미롭게도 독일에서 이 주제를 다룬 고전들의 추천 목록은 지금까지 찾아볼 수 없다. 더욱 열악한 점은 대단히 지혜로운 많은 텍스트가 독일어로 전혀 번역되지 않았거나, 번역된 것이라 할지라도 완전하지 않다는 사실이다. 또 번역된 책도 워낙 외딴 곳의 도서관에 소장되어 있어서 열람이 쉽지 않았다. 독자 여러분이 확인하듯, 내가 이 책에서 원본을 인용하는 경우 번역본이 없을 때는 손수 번역해야 했으며, 내 추천 도서 목록에는 지금껏 번역되지 않은 책들이 포함되어 있다. 내가 거의 25년에 가깝게 이 주제를 다뤄왔음에도 거짓말을 보는 사회의 분위기는 여전히 극도로 예민하기만 하다. 이미 언급한 바 있듯, 이 책은 3부작으로 기획된 것 가운데 두 번째이기에 다른 모든 원전 출처와 추천 도서는 첫 권『사악한 생각』Böses Denken 의 부록에 소개된 것과 같다.

- 장-피에르 카바유Jean-Pierre Cavaillé, 『참고문헌: 거짓말, 속임수, 시뮬레이션 및 은폐』Bibliographie: Mensonge, tromperie, simulation et dissimulation. 그릴 기록보관소Les Dossiers du Grihl(온라인). URL : http ://dossiergrihl.revue.org/2103

- 한나 아렌트Hannah Arendt, 『권력과 폭력에 관하여』Über Macht und Gewalt. München, 1970.

- 발터 구스타프 베커Walter Gustav Becker, 「거짓의 구성 요건. 법과 윤리의 조정을 위한 기고」Der Tatbestand der Lüge. Ein Beitrag zur Abstimmung von Recht und Ethik. Tübingen, 1948(『법과 국가의 역사와 현재』Recht und Staat in Geschichte und Gegenwart, 제 134/135호).

- 자크 데리다Jacques Derrida, 『거짓말의 역사. 서론』Histoire du mensonge. Prolégomènes. Paris, 2012. 이 책의 독일어판 제목 『Geschichte der Lüge. Prolegomena』. 번역 노에 테스만Noe Tessmann, Wien, 2015.

- 움베르토 에코Umberto Eco, 「거울에 대하여」Über Spiegel, 출전: 『거울과 다른 현상에 대하여』Über Spiegel und andere Phänomene. München, 1988.

- 지그문트 프로이트Sigmund Freud, 『전이의 역동성에 대하여. 치료 이론적 저술』Zur Dynamik der Übertragung. Behandlungstheoretische Schriften. Frankfurt a. M., 1992.

- 조세프 가벨Joseph Gabel, 『거짓말과 정신질환』Mensonge et maladie mentale. Paris, 1995/1998.

- 알렉상드르 쿠아레Alexandre Koyré, 『거짓말에 관한 성찰』 Réflexions sur le mensonge. Paris, 1996/2016./『현대 거짓말의 정치적 기능』The Political Function of the Modern Lie. 출전: 『현

대 유대 기록』Contemporary Jewish Record. 제8권, 1945, 290～
300쪽. 독일어 번역은 호르스트 귄터Horst Günther가 했다(출
전: 『프라이보이터』Freibeuter, 1997, 72권, 3～19쪽). 프랑스어 초판
과 영어판이 미묘한 차이를 보이기 때문에 독일어 번역을
참조하는 것이 좋다.

- 피오 로시Pio Rossi, 「거짓말 사전」Un vocabolario par la
menzogna. 출전: 살바토레 니그로Salvatore S. Nigro, 『거짓말의
찬양』Elogio della menzogna. Palermo, 1990, 85～154쪽.

그리고 아름다운 문학을 읽고 싶은 이들에게 추천함

- 토마스 만Thomas Mann, 『마리오와 마술사』Mario und der
Zauberer. Berlin, 1930.
- 프리드리히 뒤렌마트Friedrich Dürrenmatt, 『늙은 여인의 방
문』Der Besuch der alten Dame. Zürich, 1956.
- 하리 뮐리스Harry Mulisch(네덜란드 작가), 『연극, 편지와 진실』
Das Theater, der Brief und die Wahrheit(네덜란드어 원제: Het Theater,
de brief en de waarheid), München, Wien, 2000.

인용문 출처 및 일독을 권하는 책들

- 쇠렌 키르케고르Søren Kierkegaard, 『네 가지 교훈적 담

248

론 1844. 상상한 이야기로 살핀 세 가지 담론 1845』Vier erbauliche Reden 1844. Drei Reden bei gedachten Gelegenheiten 1845. 에마뉘엘 히르쉬Emanuel Hirsch가 독일어로 번역한 것을 인용함. 전집판 13권&14권, Düsseldorf/Köln, 1964, 166쪽.

• 장 파울Jean Paul, 『캄팡의 계곡』Das Kampaner Tal. 출전: 『단편집 1796~1801』Kleinere erzählende Schriften 1796~1801. 발터 휠러러Walter Höllerer 편집, München, 1962, 590쪽.

• 한나 아렌트Hannah Arendt, 『생각 일기』Denktagebuch. 우르줄라 루드츠Ursula Ludz와 잉게보르크 노르트만Ingeborg Nordmann 편집, München, Zürich, 2003, 제2권, 627쪽, 일기 번호 XXIV, 스물한 번째 기록. 피퍼 출판사의 친절한 허락을 받아 내가 번역했음.

• 마르틴 하이데거Martin Heidegger, 『1차 마르부르크 강의 1923/24: 현상학 연구 입문』Erste Marburger Vorlesung 1923/24: Einführung in die phänomenologische Forschung. 전집 제17권, Frankfurt a. M., 2006, 35쪽.

• 푸블리우스 니기디우스 피굴루스Publius Nigidius Figulus, 소실된 책의 단편 글, 출전: 『아울루스 겔리우스의 아테네의 밤』A. Gellii Noctium Atticarum. Leipzig, 1903, 제11권, 11장, 13쪽. 내가 번역함.

• 이마누엘 칸트Immanuel Kant, 「의견, 앎 그리고 믿음」Vom Meinen, Wissen und Glauben. 출전: 『순수이성비판』Kritik der reinen Vernunft. Riga, 1781/1787, A 820/B 848.

• www.reddit.com, "Showerthoughts". 2017년 2월 11일 포

스팅. URL: https://redd.it/5thjhu(2017년 3월 1일에 열어봄.)

- 앤드루 로빈슨Andrew J. Robinson, 〈스타트렉: 딥 스페이스 나인〉Star Trek: Deep Space Nine 시리즈, Ludwigsburg, 2011, 8쪽. © www.cross-cult.de/CBS

- 막스 슈텔러·레나테 폴베르트Max Steller & Renate Volbert, 「1999년 2월 25일 독일 연방재판소의 위탁으로 법의학적 관점에서 진술 심리를 평가한 과학 감정 보고서(신뢰도 감정)」Wissenschaftliches Gutachten im Auftrag des Bundesgerichtshofs vom 25. Februar 1999 zur forensisch-aussagepsychologischen Begutac htung(Glaubwürdigkeitsbegutachtung). 출전: 『법정 심리학의 실제』Praxis der Rechtspsychologie. 1999, 2호, 50쪽.

- 블라디미르 장켈레비치Vladimir Jankélévitch, 『거짓말에 대하여』Von der Lüge. 자라 도른호프Sarah Dornhof와 빈센트 브로블레브스키Vincent Wroblewsky가 독일어로 번역함, Hamburg, 2016, 43쪽 이하.

- 오스카 와일드Oscar Wilde, 『이상적인 남편』An Ideal Husband. G. F. 메인Maine이 편집한 전집판, London/Glasgow, 1966, 520쪽. 내가 번역함.

- 크리스토프–요아힘 슈뢰더Christoph-Joachim Schröder, 그와 내가 개인적으로 나눈 대화에서 인용. 인용해도 좋다는 허락에 감사드린다.

- 지그문트 프로이트Sigmund Freud, 『환상의 미래』Die Zukunft einer Illusion. 출전: 『문화 이론 저술』Kulturtheoretische Schriften.

Frankfurt a. M., 1986, 182쪽.

- 카를 야스퍼스Karl Jaspers, 『진실에 대하여』Von der Wahrheit. München, 1947, 550쪽.

- 루돌프 차하리아스 베커Rudolph Zacharias Becker의 인용된 글은 고맙게도 괴팅겐 디지털화 센터의 웹사이트에서 쉽게 찾을 수 있다. PPN584 183 178.

- F. M. 도스토옙스키Dostojewski, 『카라마조프가의 형제들』Die Brüder Karamasov. 발레리아 레조프스키Valeria Lesowsky 번역, Wien, Hamburg, Zürich, 42쪽.

- 랠프 키스Ralph Keyes, 『진실 이후의 시대. 현대 생활의 부정직과 속임수』The Post-Truth Era. Dishonesty and Deception in Contemporary Life. St. Martin's Press, New York, 2004, 10쪽. 내가 번역함.

- 장 아메리Jean Améry, 『이겨낼 수 없던 방랑 시절』Unmeisterliche Wanderjahre. 전집판 제2권, 이레네 하이델베르크-레오나르트Irene Heidelberg-Leonard 편집, Stuttgart, 2002, 344쪽.

- 장-자크 루소Jean-Jacques Rousseau, 『고독한 산책자의 몽상』 Die Träumereien des einsamen Spaziergängers. 1783년에 성명 미상의 인물이 번역한 것을 토대로 디트리히 로이베Dietrich Leube가 원전과 대조해 재번역한 것을 인용함.

- 페르난두 페소아/알베르투 카에이루Fernando Pessoa/Alberto Caeiro, 『시집』Poesia-Poesie. 이네스 쾨벨Inés Koebel과 게오르크 루돌프 린트Georg Rudolf Lind 번역, Zürich, 2004, 39쪽.

- 프리드리히 니체Friedrich Nietzsche, 『선과 악의 피안』Jenseits

von Gut und Böse. 콜리Colli/몬티나리Montinari가 편집한 비판적 학습판. München, 1988, 제5권, 104쪽.

옮긴이의 말

'유언비어'流言蜚語라고 불리는 말이 오히려 진실을 웅변하는 경우가 있다. 유언비어의 영어 표현은 'a groundless rumor', 독일어는 'ein grundloses Gerücht', 곧 근거 없는 소문 또는 풍문이다. 그러나 이런 옮김은 한국 사회에서 도도하게 흘러내려온 '유언비어'의 실상을 담아내지 못한다. 외려 권력자가 듣기 거북한 말, 불편한 말, 아예 구미에 맞지 않는 말은 거짓보다도 더 모욕적인 '유언비어'라는 굴레를 쓰고 탄압을 받았다.

탄압이 심할수록 사람들은 유언비어가 더 진실에 가까운 정보라고 믿었다. 그리고 이런 믿음은 사실로 확인되기 일쑤였다. 1980년 극에 달한 혼란 속에서 사태를 수습해야 할 군인들이 정권을 노린 일이 그 좋은 사례다. 당시 대학교를 다니던 나는 캠퍼스의 빨랫줄에 가지런히 널린 군인들 '빤쓰'에 기겁하고 말았다. 학문의 전당에 무장 진입한 군대가 보여준 폭압의 현장이었다. 학생이었던 우리는 교문을 들어서지도 못하고 삼삼오오 막걸리 집에서 술잔을 기울이며 '유언비어'를 안줏거리 삼아 쓰린 속을 달랬다. 실제 몇몇 친구들은 울분을 토하며 광주로 발길을 향했다가 군경에 붙잡혀 고초를 치르기도 했다(나는 아버지에게 붙잡혀 첩첩산중 고향 시골로 유배당했다).

어느덧 39년이라는 세월이 흘렀다. 그러나 진실을 유언비어라고 호도하며, 검은 속내를 구국의 애국심으로 치장했던 인물은 여전히 거짓의 철갑을 두르고 호의호식한다. 40년 가까운 세월에도 여전히 손바닥으로 하늘을 가리는 이들의 작태는 과연 역사는 발전하는가라는 질문을 곱씹게 한다. 여기에 한술 더 떠 한국 사회의 분열이 친일 청산을 시도한 탓에 빚어졌다는 궤변을 서슴지 않는 정치인까지 나타나는 지경이다. 그런데 이런 거짓말을 두고 유치하다고 웃어넘길 일만은 아니다. 그네들의 계산법은 기득권을 유지하고 재생산하려는 의도를 집요하게 밀어붙이기 때문이다.

베티나 슈탕네트는 거짓말의 본질을 '대화'라고 해명한다. 다시 말해 거짓말은 관계 당사자들 사이의 이해관계가 맞물려 생겨난다는 설명이다. 사람은 생각하기에 앞서, 진실을 가려보려는 노력을 기울이기에 앞서, 이해관계에 흔들리는 동물이다. 구차하더라도 떡고물이 떨어지는 곳이면 항상 구더기처럼 군상이 들끓는다. 푼돈 몇 푼에 영혼을 파는 작태를 보라.

한국 사회는 해방에서 오늘날에 이르기까지 그야말로 숨 가쁘게 달리기만 했다. 그 덕에 그나마 먹고살 만한 환경이 만들어진 것은 부정할 수 없다. 그러나 이제는 내실을 다지며 건강한 활로를 모색해야 할 때다. 역사를 정리한다는 것은 우리 부모 세대가 살았던 시대를 부정하는 게 아니다. 역사 정리의 핵심은 그 희생을 바탕으로 이제는 정말 인간다운 세상을 만들어 나가는 노력을 기울이겠다는 마음가짐이다. 지난 일을 돌이키며 올바른 것과 잘못된 것을 명확히 밝혀낼 때 비로소 밝은 미래가 열린다. 역사로부터 배우려 하지 않는 자에게 미래란 여전한 엉망진창의 되풀이일 따름이다.

254

이 배움의 자세를 베티나 슈탕네트는 '두 번째 눈길'이라고 한다. 목전의 떡고물에 연연하지 않고 긴 호흡으로 다시 생각해 보는 것이 '두 번째 눈길'이다. 인정한다. 이것은 불편하다. 쉽지 않다. 그러나 언제까지 쉽고 편한 일에 현혹되어 하루가 다르게 뒤집어지는 세상을 우리는 계속 살아야 할까? 겉보기로는 화려하고 더할 수 없이 풍족하게 보였던 인생이 하루아침에 쪽박을 찬다. 누군가는 이런 변화무쌍함을 한국 사회의 역동성이라고 그럴싸하게 치장한다. 아니다, 그건 정말 아니다. 그 화려한 겉모습 뒤에 숨은 기득권의 집요한 아귀다툼을 읽어내지 못하는 한, 진정한 변화는 찾아오지 않는다. 주입된 생각이 아니라, 스스로 땀 흘려 생각의 텃밭을 가꿀 때에 우리는 참된 결실을 누릴 수 있다.

이 책은 그 결실이 어떤 것인지 가늠할 수 있게 해주는 미덕이 있다. 똑같이 분단을 경험했음에도 독일과 우리의 현주소는 사뭇 다르다. 풀리지 않는 답보 상태가 안타깝기만 했던 나는 어디서부터 문제를 풀어야 하는지 이 책으로 실마리를 찾았다. 거짓말의 본질이 '대화'이듯, 거짓말을 풀어줄 열쇠도 '대화'다. 좌고우면하지 말고 오로지 진실에 충실하자는 각오로 대화할 때 거짓은 무너진다. 밑도 끝도 없는 '빨갱이'라는 혐오의 말로 대화를 가로막아서는 안 된다. 정말 상대의 속이 빨간 것인지 그렇지 않은지 알아볼 유일한 방법은 '대화'이다. 이 대화는 근거와 비전을 가져야 생산적이 된다. 내 말이 맞아, 왜냐하면 내 말이 맞으니까 하는 식의 고집과 아집을 우리는 버려야 한다. 그 방법은 바로 '두 번째 눈길'이다.

베티나 슈탕네트는 독일 함부르크에서 살며 활동하는 독립 철학자다. 역사를 함께 살피는 그녀의 눈길은 수십 차례의 되새김질도 마다하지 않는다. 그녀는 대선배 한나 아렌트에 맞서 '악의 평범성'은 일면일 뿐이고, 악은 결코 진부하거나 평범하지 않으며, 고도의 계산으로 이뤄지는 행위라고 고발한 책『예루살렘 이전의 아이히만』Eichmann vor Jerusalem(2011)으로 단박에 국제적 주목을 받았다('악의 평범성' 테제를 제기한 한나 아렌트의 책은『예루살렘의 아이히만』이다). 슈탕네트는 유대인 학살을 진두지휘한 나치 장교 아돌프 아이히만의 생애를 그가 태어난 1906년에서 예루살렘에서 재판을 받은 1961년에 이르기까지 철저히 추적해 이 역작을 써냈다. 이 책『거짓말 읽는 법』은 이후 3부작으로 기획된 시리즈의 두 번째 책이고, 첫 번째 책은『사악한 생각』Böses Denken(2016), 세 번째 책은『추악한 안목』Hässliches Sehen(2018)이다. 몇 번이고 생각을 곱씹게 하는 그녀의 문체 덕에 옮긴이는 몸살깨나 앓았다. 수차례 메일을 주고받으며 저자와 '대화'를 나누었던 것이 큰 도움이 되었다. 다시 보니 무척 소중한 경험이다. 당케, 프라우 슈탕네트! 독자 여러분께 일독을 권한다!

2019년 3월 17일
김희상